《中国西藏》杂志 30 年精选集

U0894074

藏地新生活

中国西藏杂志社　编

中国藏学出版社

《中国西藏》杂志30年精选集
编委会

总主编　公　保

编　委　金志国　王艳平　周爱明　洪　涛　王维强

本书执行主编　林圣松

总序

记录新时代　摹写现代西藏新故事
——写在《中国西藏》创刊30周年之际

今年是新中国成立70周年，也是西藏民主改革60周年。在中国共产党领导下，短短几十年，西藏发生了最广泛最深刻的社会变革，百万农奴翻身解放，成为国家和社会的主人。在中央政府和全国人民的大力支持下，西藏各族人民团结奋斗，把贫穷落后的旧西藏建设成为经济文化繁荣、社会全面进步、生态环境良好、人民生活幸福的新西藏。

在这个历史发展的最好时期，我们也迎来了《中国西藏》杂志创刊30周年。

对外宣传西藏工作，一直是中央关于西藏工作的重要内容之一。《中国西藏》杂志创刊于1989年，当时，境外分裂集团一方面把手伸进西藏，连续在拉萨策动骚乱，另一方面又倚重国际反华势力，制造涉藏谣言，散布“西藏独立”。正是在这种背景下，决定创办一种刊物，作为一种公众传媒，向海内外读者展示一个真实的西藏。

《中国西藏》杂志的历任主编、历辈编辑们没有辜负时代赋予的重任。他们以高度的政治敏锐性和责任感，团结广大藏学工作者，依靠活跃在西藏各条战线的各族各界普通劳动者，以饱满的热情为描绘西藏美好的明天提供了一片园地，为更前沿、更广泛的文化交流提供了一个窗口、展示了一片天地。在每期3本精美的刊物中，期期有主题，各文版、各栏目都有侧重，几乎每篇文章都显示出全体编审人员高度负责、精心组织的良苦用心，内容既体现了深层次的探索与思考，又注重展现西藏发展面貌及藏族百姓的多彩生活。

在中华人民共和国成立70周年、西藏民主改革60周年之际，我们启动编撰"《中国西藏》杂志30年精选集"的工作。精选集的编辑出版，既是为了记录西藏经济社会的发展变化，更是为了记录和讲述这片高天厚土上的多彩人生。精选集共9册，其中汉文5册：《藏地新生活》《人文高地》《史海遗珍》《极地风物》《雪域人生》，藏文2册：མཐོ་སྒང་གི་དཔྱིད་དཔལ། （《高原春光》上下）和英文2册：*People on the Qinghai-Tibet Plateau*（《青藏高原人物》）和 *Life on the Qinghai-Tibet Plateau*（《青藏高原生活》）。

30年不长，却有许多的物是人非，也有许多的风景依旧。我们不敢保证已经把所有该萃取的珍珠都已摘取，也不能夸口入选的篇篇都是精品，但我们每一位编者，都是怀着无比的崇敬和虔诚，认真做着编选和校对。在这个过程中，我们更加感念我们的老领导、前辈编辑和记者、热心作者和读者，感恩他们当年的热忱和付出；更感恩于这个伟大的时代，感恩于我们从站起来、富起来，到强起来的伟大祖国！

中国特色社会主义已经进入新时代，信息社会更是进入全媒体时代。2016年，顺应时代潮流，《中国西藏》杂志与中国西藏网合并，开启用新媒体记录新时代、书写新时代、讴歌新时代，讲述现代西藏新故事的征程。

祝福祖国！祝福西藏！

《中国西藏》杂志30年精选集编委会
2019年8月27日

目录

附录

迷人的白朗斗牛节

多吉占堆

在藏族文明中，节日文化可谓是其中绚丽夺目的一颗明珠。上百个品位各异的节日，把在艰苦地域里高原人的生活装扮得有声有色、热闹非凡。著名的节日，按日期顺序，可以数上藏历新年、祈愿大法会、萨噶达瓦节、雪顿节、望果节、赛马节等等，总之在西藏，从春到冬，一年四季在高原任何区域内都可以领略到节日文化的强烈氛围。

可是，对我这样一个土生土长，有过 7 年记者生涯的藏族人来说，还是头一回听到“斗牛节”这一词汇。这是去年 10 月的事了，西藏体委负责人洛桑达瓦叫我一同到白朗县去观斗牛时，我还以为我的白朗县同胞也在学习西班牙人或美国人在玩新时尚呢。在满脑子的新奇和疑虑中，我坐上了西藏体委的专车。

在白朗县者下乡我们度过了一个惊心动魄、丰富多彩、迷人的斗牛节日。

斗牛节“帐篷城”一角

江雄草原——歌舞的海洋

白朗县是西藏日喀则地区的三大“粮仓县”之一。该县仅有的一个纯牧业乡叫做者下乡，位于白朗县西南部，距县城 51 公里。

江雄，在藏文中的意思是“野驴生息的草场”。10 月 15 日，当我们的越野车越过一座山口时，发现乡民们正从四面八方涌向一处，那里搭起了各色帐篷，有色彩鲜艳、图案别致的布制帐篷，有黑褐色的传统牛毛帐篷，后来我们也搭起了一顶天蓝色的现代化高山帐篷。这样，在江雄草原上立时出现了一座气势不凡的“帐篷城”。

我们走进“帐篷城”时，受到牧民们热情、特别的迎接。淳朴、开朗的牧民身着节日盛装，抬着珍藏多年的毛主席相片和彩旗，敲锣打鼓，为我们献上洁白的哈达。并让我们从长长的两排队伍中间通过。

种牛角斗正酣

斗牛节是江雄草原一年中最为隆重、热烈的牧民节日，不但者下乡1700多名牧民倾帐出动，而且还有大批农人牧人从白朗县其他乡村，甚至从萨迦县赶来，与者下牧民一同欢度节日。习惯上，节日要过一周时间，因此，人们都是带着自家的帐篷和炊具、食品，就像转移牧场一样，暂时把家都搬到这里，轻轻松松地欢娱一段时日。因为，对于以帐篷为单位、长年在孤寂的深山草场上从事牧业生产的牧民来说，像这样抛开一切欢聚在一起的机会是很少的。

我们到的那天，是斗牛节开幕的日子。下午时分，者下乡政府举行了一场别开生面的聚会。会上，首先把来自县城、日喀则、拉萨的客人一一介绍给大家，宾主互相敬献哈达。

西藏自治区体委负责人洛桑达瓦对斗牛节的举行表示热烈祝贺，并且代表西藏体委、西藏体育总会捐献了1万元现金和一些体育用品。日喀则地区教体委副主任顿珠扎西也代表本部门向大会捐款1500元。

牧民们则以热烈、纯真的歌舞答谢并欢迎客人。从小学生到头发花白的老者，充分显示了他们在歌舞方面的天赋和才能。节目均是自编自演，一律讲究独特的入场式、自我报幕以及正式献演。让我们大开眼界的是，者下乡牧民展示的喜马拉雅山区古朴、庄严的传统服饰，而他们的踢踏舞则充分表现了“堆谐”特有的风格和艺术特点。

这一天，整个江雄草原回荡着歌舞的旋律和牧人的欢声笑语。

壮观诙谐的牦牛赛

笔者多次在西藏各地看过赛牦牛的场面，比如江孜达玛节和拉萨雪顿节上的牦牛速度赛，以及家乡墨竹工卡县甲玛乡的观赏性赛牛。我这个人生性喜欢牦牛，因此，不管在哪里遇到它，都要好好地看上一眼，而赛牦牛更是百看不厌了。

此番，我们则观赏到了一场气势更大、更加引人入胜的牦牛速度赛跑。这实际上是一场一次性决胜负的比赛，然而，这一下也就让你大开眼界、令牦牛上气不接下气。那天，60余头牦牛被主人打扮得分外飒爽，主人身着古老而仅在节日时才舍得穿上的高原骑士服装，鼻子穿了孔的牦牛则披上五颜六色的缨穗装饰以及一整套考究的牛鞍。牦牛似乎也理解主人想争头功的心理，因此，还未起跑就已是跃跃欲试，好不性急。

比赛路程大约有1公里长，乡长一声令下，众牦牛齐头并进，骑手在拼命地挥动着手中的牛鞭，而牦牛也是摇头晃尾地向着终点奔去。如此壮观的场面，在其他地方很难一见。在场的宾客也是拿着各式各样不同档次的照相机，跟着牦牛队伍狂奔。

果孜“赞羊”挺吸引人

盛装的牧民

可是，牦牛也并没有那么温驯，比赛尚不到半程时，就发生了戏剧性的变化。尽管有些牦牛仍然奋力直奔终点，但还有大半的牦牛对这长距离的耐力跑极不情愿。它们中有的停止不前，让骑手无可奈何；有的跑出赛场，决不计较名次；有的则干脆扭头往回急跑，丝毫不顾主人的脸面。这种诙谐的情景，使在场的观众捧腹大笑，好不开心。

在者下乡斗牛节上，牦牛赛跑就像是串场的滑稽戏，给观众以回味无穷的开心。

“果孜”展示草原独特文化

“世界屋脊”的魅力在于，不但山河独特，而且有着自己丰富迷人的文化传统。在者下乡的斗牛节上，“果孜”这项活动，就给外来的人以强烈的地方文化感受。

果孜，藏语中的意思是“数羊头”。实际上是独具者下乡地方特色的生产成果大展示的牧人比富之举。牧人一户接着一户，把自家的羊群赶到一个传统的固定羊圈里，目的是让大伙儿好好地看一看他家是如何养出一群又肥又大的好羊的。

这一活动的中心，是一个人和一只羊。人是被称为“央典”（福物）的牧羊人，羊则叫做“拉达”，是献给者下地方保护神的坐骑。牧羊人穿上最好的节日服装，身背装有一个羊腿及糌粑、盐、茶等食物的编织口袋，家人和众乡亲为他献上的哈达挂满了脖子。当羊群进入羊圈时，人们呼喊着“曲谐”的祝词，向空中抛撒糌粑，然后由牧人抓住那只叫拉达的头羊，吟唱着吉祥的颂辞及自己在冬季的冰雪和夏季的暴风雨中牧羊时的种种艰辛，从羊头到羊尾，点上小块糌粑和酥油，并且要以极富文学色彩的语言夸奖一番。

无论是歌舞娱乐，还是果孜、斗牛，者下人无不表达对共产党和毛主席质朴的感激之情。他们深深地懂得，今天美好的生活离不开共产党的好政策，因此牧人唱道：“在共产党的好政策下，我们者下人的羊圈越来越大啰！”

这期间，家人还要为牧羊人和那只头羊敬上青稞酒。而在“赞羊”的过程中，十余名当地青年拿着录音机把颂辞都录下来，显得极为投入。

种牛角斗罕见奇观

斗牦牛是斗牛节上的重头戏，也是整个节日的高潮和最为迷人之处。种牦牛为了争夺对牛群的控制权，竞展其雄健的风采。

那天，江雄草原上满山遍野是一群群黑压压的牦牛。参加斗牛活动的各家各户赶着自己的牛群，徐徐聚集到斗牛场上。

在几十头母牛的陪伴下，强壮粗野的种牦牛披绸挂缎，显得异常的威武。特别引人注目的是，种牛背上挂着类似于城里人的锦旗模样的锦缎挂毯，使种牛更加超凡脱俗。在人们的欢呼和祝福声中，

35 个参赛牛群依次举行传统的入场仪式。就像现代体育大赛中的运动员入场式一样，牦牛队也是由户主领头带队，牧女和牧牛人身着节日的服装，兴高采烈地驱赶着牛群通过斗牛场。当牛群走过人们的眼前时，牧人们呼喊着祝词或唱上一段牧歌，而观众则是愉快地评头论足一番，或高声拍节叫好，或发出低低的嘲笑声。

比赛以单淘汰的方式进行，而且还分出了“青年”组和“成年”组，通过抽签决定对阵形式。种牦牛通常就是以角斗来争夺在牛群中的支配地位。在一千多头母牛的簇拥下，种牛个个眼红脖子粗，或摆起尾巴，发出“哈尔、哈尔”的沉重“牛低音”或在地上打个滚，磨一磨本是十分锋利的牛角，以此先向对方示威。在交战中，牛角的碰撞声回荡在山谷中。这种角斗有的瞬间分出胜负，有的则要持续 20 多分钟。在去年的斗牛场上，一头咖啡色的牦牛极其引人注目，它体壮、脖粗、颈短、毛秀，给人以强烈的美感和力量感。它沉着，并不像其他一些年少种牛那样“摩拳擦掌”，消耗体力，一上场，它就迅速解决战斗，决不留情，连与它难分伯仲的前年冠军、一身黝黑的那一头，也被它制服了，摇起了认输的尾巴。

最后，咖啡色的种牦牛成了江雄草原上的新一代“牦牛至尊”。它将统领一方牦牛群的自我生产和发展。青年组中也产生了一头明日“希望之星”。其他斗输者，将会独自居于高山上水草丰美的地方，休养生息、卧薪尝胆，决心来年东山再起，报此一角之仇。

长年致力于发展西藏民族体育的洛桑达瓦先生说，种牛通过自然的角斗来实现优胜劣汰、瓜分在牛群中的权力和地位，这是牦牛群的习性，可像者下乡这种人为的有组织、有传统的斗牛节，在西藏高原还是独一无二的，显示出它的特色和魅力。

者下人对斗牛节的感情投入是显而易见的。斗牛场上，大家为自己的种牛欢呼、叫好，最后为冠军获得者的户主献哈达、敬青稞酒，充满了节日的欢乐与祥和。在斗牛中，双方牧民密切注视，只要一方牦牛怯场或斗输了，立即拆散，结束角斗。因此，也不像斗狗、斗鸡那样残忍可怕。据许多老牧民说，他们还没有见过在角斗场上斗死牦牛的事情。

物交会给草原带来新气象

去年是者下乡斗牛节规模最大的一次，并且头一次融入了物资交流的新内容，使千年民族传统节日焕发出时代气息。

意欲开发、支持者下乡斗牛节的西藏体委与白朗县负责人达成了共识，那就是要“斗牛搭台、经济唱戏”，以此给节日注入新的活力，给当地牧民群众带来实惠，带动白朗县经济的发展。去年是头一次，由于斗牛节的名声还远未传播出去，因此外地来交易的人较少，规模也无法和邻近的江孜达玛节相提并论。但是，已有县城、日喀则甚至是拉萨的商贩踏入者下乡，而且白朗县 11 个乡的农牧民已融进斗牛节初涌的商潮中，当地农牧产品、土特产、手工业品，已堂堂正正地走进斗牛节的市场。

徜徉于物交会的人流中，看到粮食、酥油、奶制品、牛羊肉、民族手工业品，就连牧羊人必备的放牧工具——“乌朵”，也已进入市场。有意思的是，乌朵上面缝有一块白布条，上面写着它的户主、价格以及出售年月，这种类似现代商标性质的标记，既宣传了自己的产品，又有收藏价值。物交会上，我还初识一件早已驰名拉萨一带的卡垫——旺丹卡垫。据说，旺丹乡生产的卡垫自古就很有名气，旧社会时，当地上交给西藏地方政府的差税，就是以上交成品卡垫的形式来完成的。每年一度的拉萨祈愿大法会上，上万名僧人垫的均是旺丹卡垫。当地百姓说，至今在布达拉宫仍能看到自己编织的卡垫。现在，织卡垫作为乡里的一项重要副业发展起来，家家户户都在编织这种毛茸茸的卡垫。

据介绍，物交会第一天，上市商品便达 594 种，总价值约 25.6 万元。不仅如此，斗牛节还带来诸如电影、录像等新鲜事物，使草原一下变得热闹不已。

乡长尼玛次仁说 :“者下乡牧民第一次接触到这么多山外世界的新鲜事物，牧民们的精神面貌比去年好多了，见识也广了。”

原载《中国西藏》1995 年第 2 期

俊巴渔村见闻

杨从彪

生活在西藏高原的人们多以农牧业生产为主，他们大都信仰藏传佛教，不吃鱼。然而在拉萨河汇入雅鲁藏布江处却有个渔村——俊巴村。那日我专程前往俊巴，几日小住，收获不小。

拉萨河上打鱼忙

曲水县俊巴村是个半岛，有 81 户人家，340 多人，他们以农业和渔业为主，兼搞副业。这里家家都有渔网和牛皮船，祖祖辈辈以捕鱼为生。我问村长："索朗啦，解放前不是不让捕鱼吗？老百姓也不吃鱼，你们打鱼有何用？"他说："贵族和领主说是不许打鱼，晚上却又悄悄地来买鱼。他们也知道鱼好吃。"

村民们打鱼，溯拉萨河北上至墨竹工卡；顺雅鲁藏布江西行至尼木，甚至漂到山南等地。改革开放以后，他们办了渔业证，捕鱼有合法权益。鱼的价格 3 至 5 元 1 公斤，旺季每公斤只要 1.50 元左

渔乡风貌

右。1994 年这个村仅打鱼一项收入就达 13 万元之多，渔业成了他们的支柱产业。

在渔村我看到家家门前挂着鱼。我问 :“这里的百姓怎么个吃鱼法？”村长道 :“我们吃鱼方法可多啦，生吃鱼片、煎鱼、鱼米、鱼包子、鱼馍、鱼饼、干鱼、鱼糌粑、煮鱼、鱼丸、鱼冻、鱼汤、炒鱼、油炸鱼、烤鱼……”他一口气说出 15 种吃法，有些我还是第一次听说。

也有失望的时候

拉萨河上，次巴珠和边巴达娃把牛皮船划得飞快，不到 3 分钟，船便到了对岸的浅水处。他俩拿出“栏网”——一个篮球和网，一起撒向清澈的水面。网渐渐下沉球浮在水面。他俩又划回岸边并击鼓吆喝，惊天动地，想必鱼族虾类闻之惊慌，急奔乱窜，撞上“栏网”的即为渔夫收获了。几分钟后收网不见鱼虾。第二次撒网则“守株待兔”。收网时也只有两条胡子鱼挂在网眼上。同行小华生出怜悯之心，将鱼放回水中，鱼们三次返回向小华摇头摆尾，以表感激之情。

看来拉萨河里鱼也由于时代不同而改变了许多，是鱼狡猾了不入网，还是鱼数量少了？

自由婚恋观

这个村的婚恋是自由的。青年男女可以自由恋爱，也可以由家长托人说媒。双方互相来往一段时间后，只要投缘就可以成婚。

在西藏，逛林卡或者过节是青年男女谈恋爱的好时机，但这时俊巴村热恋中的男女却不能相聚。只能与自家亲人在一起。全村逛林卡时，男性围成一团，吃喝玩耍，吹拉弹唱，各自尽兴，而女性则在另一处，或说说笑笑、唱歌跳舞，或做游戏、追打嬉闹，特别热火。

俊巴男女订婚时，双方家长要为他们举行订婚仪式，女方到男方家，男方再到女方家。订婚后，女的到男家做些家务，农忙时男的到女家帮助干活。之后，男女双方家长就得商议为他们修新房子之事：修三间，两家各一间半。新房子修好后，两家各自给一个藏柜、一张桌子，其他东西就看各家的经济条件，给多少都不会计较。

女方出嫁前，家庭财产要与兄弟姐妹平分，自己的那一份，可以全部带到新郎家去。

西藏有一个传统即女人可以嫁到男家，男人可以入赘到女家，不管出嫁还是入赘，社会地位都是同样的。在俊巴我遇到一个入赘到山南地区的男子，名叫格桑，他所入赘的地方离家乡有30多公里，他说他是回来看望父母的。和过去一样，他下河打鱼、在家糅羊皮、出去经商，挣的钱一部分留给自己，一部分孝敬父母。

古朴的民风

俊巴村的家庭十分稳固，从来没有离婚的现象出现。村长索朗告诉我："我们俊巴人有'六不'：一不骂人，二不打人，三不说谎，四不偷盗，五不赌博，六不搞婚外恋。人人都是平等的，谁也不欺负谁，夫妻还离婚干什么？"村长言简意赅。当今仍有如此纯朴的村民村风，实在令人欣慰。

谈到生育时村长说："我们提倡计划生育，但多生也不罚。现在的年轻人一般只生两个孩子。"

"我还想问您一件事，离春播还早，你们的地边堆满了化肥、种子，不怕丢吗？"

村长说："我们村里从不丢东西，化肥、种子摆在地边半个月了，没少过一点。村里人还没有锁门的习惯，锁门防谁呢？没人偷东西。村民们都自觉遵守村规，从来不打人、骂人，也没人赌博。"

俊巴，这个古老的文明村，留给我们许多羡慕、崇敬和希望……

桃花源里的人家

俊巴百姓一般都住独家小院，村民边巴也不例外。我们走入他家，便看到院子里一个身着藏装的中年妇女在做牛粪饼：将牛粪往土墙上一摔便粘住了，干了也不会脱落，什么时候需要用它烧火做饭熬茶取暖，什么时候再取来用。她朝我们笑笑，算是打招呼吧。

边巴在屋门口的院子里糅羊皮。他头戴红色的帽子，穿着红色的衣服，黑色的裤子，加上黑红色的脸膛，可谓是个"大红人"了。

见到我们来，边巴立即放下手上的活，招呼我们进屋坐。

看着他脚下的皮子我问："这是什么皮？"

"野羊皮。在当雄、拉萨一带买的。"

"多少钱一张？"

"5 角。"

"熟了皮子你打算做什么东西呢？"

"主要做藏族喜欢的皮包等物品。"

边巴拿出一个做好的红色皮件说："你看，5 元钱一个，销路很好呢。"

我们走进屋里，只见正面墙上挂着毛泽东、邓小平等老一辈无产阶级革命家的彩色画像，彩画掸得很干净。靠墙的藏柜上叠放的藏被、藏毯直抵房顶，看上去不下数十床。

"这么多藏被藏毯做什么？"

边巴说："自己盖，也卖。"

"这种藏毯多少钱一床？"

"115 元一床。"

那藏毯质地良好，做工精细，花纹古朴大方。

边巴还说他们家有自行车，有牛皮船，农闲打鱼，农忙种庄稼；男的下河，女的织卡垫、藏被，仅做传统皮制品一项，一年纯收入就在 4000 元以上。

我问身旁的索朗："村长，像边巴这样的家庭，在你们村算不算上等富裕户？"

索朗说："他们家只能算是个中等户。"

看来桃花深处的俊巴村，人们的日子过得还挺富裕。

背牛皮船跳舞

牛皮船舞是种独特的舞蹈。舞者 4 人，其中两人背牛皮船跳。两人穿红戴绿、手持彩棍领舞。舞前的仪式上要给舞者献哈达、敬青稞酒，并将另外两条哈达抛在地上。

领舞人的歌声起时，背船人随歌声起舞，并用船的顶角把抛在地上的哈达挑起挂在船角上，随后有节奏地摇动固定在腰上的长木杠，木杠敲击在牛皮船上“嘣嘣”直响。领舞人歌声悠扬，手中彩棍翻飞；背船人的敲击声铿锵有力，舞步节奏感强。仅十来分钟，背船人便汗如雨下。休息时，人们告诉我：“这船有 65 公斤重，有的甚至达 75 公斤。”牛皮船舞跳起来很有意思，两船时而相撞，表示“亲热”，时而拉开距离“点头致意”，时而若即若离，情意绵绵……看了让人叫绝。

村民们说，牛皮船舞起源于 300 多年前。那年五世达赖喇嘛洛桑嘉措途经俊巴过河去拉萨，人们用牛皮船将他送过河。为欢送他，也为抒发见到他的激动之情，便背船跳舞，就是今天的牛皮船舞。

飞来的寺庙

爬上四五百米的陡坡，我们来到俊巴寺。寺庙里只有一位 24 岁的喇嘛。寺的正殿 300 来平方米，殿前经幡猎猎，殿内供着一座佛像。向导说这是古印度高僧坚参·索朗加措的塑像。高僧披着哈达，表情慈祥和蔼，周围祥光普照。传说这佛与寺庙是从西天极乐世界飞来的，保佑着这方渔民。还有一种说法，这寺是当地人修建的，高僧坚参·索朗加措是从天外飞来护佑俊巴渔民的。他圆寂后又飞来了一位高僧为渔民祈祷。

塑像旁挂着许多唐卡，墙上还有一幅画有人头鱼身的壁画，脸

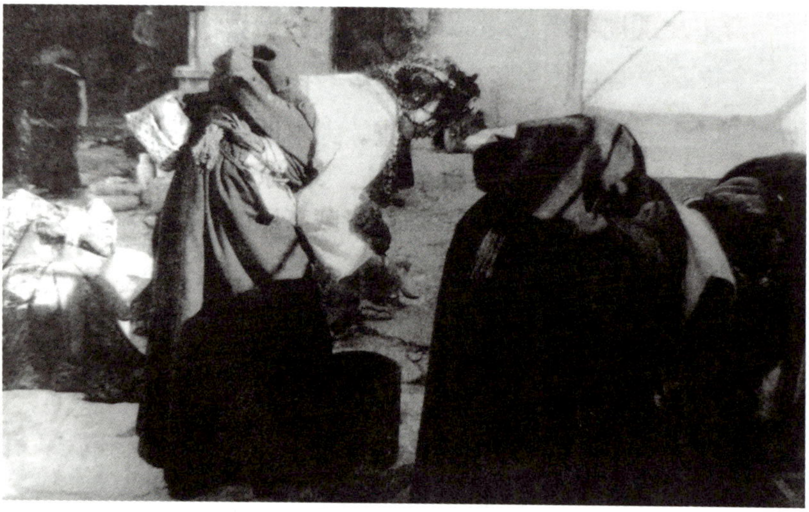

俊巴村妇女（李知宝摄）

上那安详平静的表情像在召唤或是渴求什么。正殿中央有两柱，左边柱上挂着一支两米多长的枪，枪上有两个铁尖，系着牦牛尾巴；右边柱上挂着剑戟。在寺外更高的山峰上眺望，但见远处山岩像尊佛，佛的眼鼻分明，似在盘腿打坐。据说高僧曾和鱼神战斗，虽战败鱼神，自己也耗尽了心力，躺在山上，化作石佛，继续护佑百姓。

书声琅琅　俊巴的希望

柳林深处的俊巴小学有两名老师，5 个班级，54 名学生。开设有藏文、汉文、数学、自然、地理、音乐、体育等课程。村里除了一名聋哑儿童外，其余适龄儿童全部上了学，入学率达 99%，巩固率达 100%，高出西藏平均入学率 30%以上。

这所学校是 1993 年国家投资 6400 元、群众集资 8600 元新建的，学校设施齐全，体育用具和器材种类繁多：篮球场、乒乓球台、单双杠、跳高架、跳绳、各种球类，还有许多教具和挂图。学校每星期一举行升国旗仪式。

我问一个四年级的学生："愿意读书吗？"

"愿意。也很想读书。"

"读书长大了想干什么？"

"长大了当'公安'。"

"为什么要当'公安'？"

"打坏人呗！"

连十来岁的孩子都渴望安定、祥和、团结。

原载《中国西藏》1995年第5期

梅里雪山一村寨

周正

在古代有一条山间马帮小路，这条路从云南大理开始，经维西、中甸、德钦，翻越梅里雪山，通到西藏东部的芒康、盐井、左贡和察

梅里雪山脚下的滇藏公路

隅等地进入缅甸和印度等地，把中国的茶和丝绸、瓷器以及农具运往这些国家和地区，再把那里的香料和药材运回中国，其主要运输工具为马匹，所以称为茶马古道，它也是中国南方丝绸之路的一部分。

由于职业关系，从 1988 年到 1993 年，我先后 4 次进入这个地区进行实地考察，并且多次在一座名叫“雪”的山村居住，与当地藏族同胞建立了深厚的友谊。

神秘的梅里雪山

梅里雪山位于云南、西藏边界澜沧江和怒江之间，是两条大江的分水岭。由于特殊的自然环境，梅里雪山不但多雨雪且高山上的雪线较低，平均高度只有海拔 3600 米，雪崩十分频繁。由于它的地理位置和特殊的气候环境，这座山在世界上知名度很高。1991 年 1 月 3 日，11 名日本京都大学的登山队员和 6 名中国登山家在登梅里雪山卡瓦格博主峰（又名太子峰，海拔 6740 米）时，一夜之间，神秘地从海拔 5300 米的高山营地消失。后经多方搜索，均无结果。据估计，17 位勇士定是遭受到了特大雪崩。这一高山探险史上的惨案，也令梅里雪山闻名于世。

冰峰岭上小山村

“梅里”在藏语中是药材的意思，梅里雪山意为产药材之雪山。梅里雪村正好在梅里雪山之下，澜沧江之畔。“雪”，藏语意为山下，梅里雪村合起来的意思就是药材山下的村庄。

梅里雪村在滇藏公路旁，距德钦县城 27 公里，村里只有 27 户人家，127 口人。别看这是一个小村庄，我国古代的文献资料中还有关于它的记载。如《藏行记程》中就写了康熙五十九年（公元

1720年）云贵总督蒋陈锡奉命率兵从昆明出发，前往西藏拉萨，途经白茫雪山、梅里雪山和梅里雪村的情况。

我曾两次来到梅里雪村，可以说和村里的藏胞很熟悉了。第一次是1992年10月。我们的汽车一进村，全村人都出来欢迎我们，有人送开水，有人请我们去吃晚饭，还有人为我们杀猪宰羊，准备上山的食品。我们充分感受到兄弟民族间的深厚情谊。

在江粗扎巴家作客

当天晚上，有好几家藏胞请我们去吃饭。我们一行15人（7位美国朋友，8位中方人员）分三组去了三家。事先说好了吃饭要付钱。克林奇、绍宁和葛瑞3位美国友人和我及我的学生孙波被分在江粗扎巴家吃晚饭。对于不远万里来中国的美国人来说这是最求之不得的，他们特别希望能深入一两家康巴藏族人家叙叙家常，实地了解一些康巴人的生活情况。

江粗扎巴今年54岁，曾任过中国人民解放军的副连长，30年前他娶了梅里山西侧左贡县的一位姑娘为妻，生有两子一女。大儿子今年34岁，在德钦县人民银行工作，早已娶妻生子。二儿子32岁，在奔子栏镇当民警，也已娶妻生子。女儿央宗30岁在本村招了一位小伙子当女婿。江粗扎巴和妻子只干一些轻活，全家的重活，如春耕、秋收、夏种及放牧25只羊、11头牦牛、两头黄牛、两匹马、一头驴以及猪啊鸡啊全是女儿女婿的事。女儿有两个孩子，都在小学读书。他们家在村前澜沧江冲积坡上，有4亩半水浇良田，另外在梅里山上还有8亩坡地。他们家有6间大房，当我们后来从山上下来时他们将一间房腾出来让我们住，那比我们的帐篷舒服多了。

藏族人家餐桌有变化

晚餐，江粗扎巴为我们炒了鸡蛋西红柿和猪肉土豆丝，还有一锅鸡蛋汤。他们用自家的小麦做的馒头非常好吃，还把从山中采来的野蜂蜜拿出来款待我们，真是非常热情。我们原以为他们会用酥油糌粑招待我们，都作好了吃不饱的准备，可这顿饭却是出乎意料的好。

我问江粗扎巴为什么不吃酥油糌粑？他告诉我：“我们过去是吃酥油糌粑的，那是主食。现在我们也吃，主要是上山放牧时带去吃，回到家里还是以馒头米饭为主，炒上几个菜，过几天就宰头羊吃。今天，我们没有专门为你们做饭，平时我们也吃这些。”藏族人家的餐桌有了大变化，这不能不说是可喜的事情。

外逃的人回来了

这一带康巴藏族有些人家参加过 1959 年的叛乱，梅里雪山就有 3 家。例如葛宗旺堆的父亲就是叛乱武装的连长，他父亲和叔叔后来都跑到印度去了，现在在大吉岭作小生意。兄弟俩在那里又娶了妻子。现在的政策改变了，政府欢迎外出的人返回家园，葛宗旺堆父亲和叔叔先后从大吉岭回到了家乡，在梅里雪村住了几个月，又回去了，因为那里还有他们的商店。现在真是来去自

悠闲的梅里雪村村民

由了。

至于葛宗旺堆本人，今年 39 岁，既是梅里雪村的村长，又是德钦县政协委员。他这个家族在村里一共 7 户。他的两个姐姐都嫁在本村，还有 3 个弟弟 1 个妹妹。他父亲出逃后他母亲带着 7 个孩子，最大的 7 岁，最小的才 1 岁，生活很艰难。现在他们都长大成人了，生活过得不错。葛宗旺堆对我说：“我们现在的生活比父亲在时不知要好多少倍，每家都有马匹。我阿爸回来看到很吃惊，我们全村的变化太大了。”据县政府办公室主任康巴人曹宗廉先生讲，目前从印度回德钦的人，一些是过去参加叛乱的，回来后有的定居下来了，有的又回去了，反正，只要他们回来，政府就会为他们安置，再不会有人歧视他们，因为这些人大多已经高龄了，他们希望回到自己的家乡安度晚年。更何况德钦农村与 1959 年时的情况相比，发生了天翻地覆的变化，他们回来的人大多数不愿再走了。

从云南返藏的驮运队

到山上去挖虫草

在梅里雪山背后的山坡上，海拔 4200—4800 米之间，生长着最珍贵的冬虫夏草。这是一种菌类，每年秋季，它们侵入到一种在山坡上生活的草蝠蛾体内，就潜伏在里面。草蝠蛾幼虫冬天钻到泥土里去避寒，菌种就吸收幼虫体内的营养而发展成菌核，这时幼虫已完全变成了一只外表是虫子，实际上是一种菌核，幼虫已没有生命。每年 5 月间，梅里雪山向阳的坡面上这种菌核便从泥土中生长出来。挖出的虫草形如棒槌，看上去一根干枯的草秸，上面顶一个幼虫的外壳，人们称之为虫草。虫草只有每年 5 月间可采挖 15 天左右，过了这个时间，它们遇雨水就腐烂了。所以每到这个时候，全家老少在山上搭起帐篷采挖虫草。虫草是一味名贵的补药，可补肺益肾、治疗痰血、腰痛等多种病症，虫草价值很高，每公斤可达数千元，全家一年采挖收入非常可观。

到每年 6 月，他们又上山采挖贝母，这也是一味名贵中药。梅里雪人每年靠虫草和贝母等药材的收入每家就有 4000—6000 元左右。再加上他们的农业和其他收入，他们的生活的确是一天比一天好了。

珍贵的松茸

到了 8、9、10 三个月，雪村人又一家一家地到梅里雪山去采珍贵的松茸。这是一种只生长在雪山山腰附近的麻栗树丛中的蘑菇，可谓山珍，一连可以采 3 个月，到 10 月下旬才结束。每公斤价值 100 元，一季可采数百公斤，一年又可增加收入 5000—6000 元。雪村每家都盖了新房，他们的房子都是木结构的。原始森林采木很方便，又不要什么成本。这些年，村里每年都有新房建起。

梅里雪山的特产松茸

目前梅里雪村有 3 家买了卡车，从事运输业，这样他们就更富了。孩子们穿的衣服大都很新潮，年轻人喜欢穿西装，老人们还穿藏装，村里总是充盈着一种欢乐的气氛。

佩戴毛主席像章的马帮们

记得“文化大革命”期间，北京和全国各地的男女老少人人胸前都佩戴一枚毛主席像章，但现在已很少有人再佩戴了。然而我却意外地在梅里山的这个小村庄及附近，看到佩戴毛主席像章的人。他们戴的像章都很新，而且做得很精致。毛主席头像镶在一块透明的玻璃框内，很好看。第一次是我们 4200 米的高山大本营看到马帮的人佩戴。这些马帮每天往返于云南和西藏之间的交通要道。我们在梅里雪山前后住了两个多月，每天清晨，只要是好天气，就会听到马帮的铃声，来自西藏的马帮驮运着毛皮、药材和松茸向德钦方向走去。返程时他们又将德钦集市上买的铜锅、打谷机、食盐、大米和新买的马匹牦牛及日用品运回去。有人一年要跑两三趟。这种马帮一般都有十几到二十匹马，高大的头马身上佩戴着红缨，脖子上挂着大铜铃，几里外就能听到铜铃的响声。在他们说来这是辟妖魔鬼怪的，也有全家结队行走的，他们是去大雪山朝圣的。

1993 年 6 月的一个清晨，一批马帮来自察隅，一位 64 岁的老人藏袍上挂着毛主席像章。后来我又看到了第二个、第三个，以后几乎每天都能看到，有时还能看到身穿红色袈裟的喇嘛胸前也挂着毛主席像。印象最深的是一群从西藏左贡县来的年轻尼姑，她们最大的不过二十一二岁，有 3 人胸前挂着毛主席像。就这种现象我询问了康巴人，他们告诉我："从前我们祖祖辈辈都是农奴，毛主席解放了我们，还给我们分了房子、分了牲口，生活好起来了怎么能忘了他呢，他是给我们带来幸福的人。"

来自西藏左贡县的一位 28 岁的农民次仁林宗说："我们康巴人都喜欢毛主席，他使我们全家全村人都过上了好日子。"简单朴素的几句话，道出了他们对新生活的感激之情。

原载《中国西藏》1995 年第 6 期

一个发生在纳木湖畔的故事

多吉占堆

8 月的雪域高原，清爽亮丽。美丽的纳木错湖畔，如茵的草原上是朵朵白云似的羊群和黑压压的牦牛。牧童在唱着古老的曲调。

这是藏北草原上最欢快、最迷人的季节。在一个空明静寂的日子，一辆越野车从湖畔急驶而来，当车子来到一顶黑色的牦牛帐篷前，牧人立刻从帐内涌出来，努力辨认车上的来客。这时坐在前座上的长者跳下车子，从车内拉出一位城里的青年人，走到牧民老阿妈的身边，用藏北牧民的口音说："这就是你的儿子！"老太太不相信自己的眼睛，努力擦了擦双眼，仔细看了看，突然她叫了一声"儿子。"就和青年人拥抱在一起。这时沉默许久的青年人激动地用汉语叫了一声"妈妈。"在场的人都流下了动情的眼泪。

这是发生在西藏纳木错湖畔的故事。在拉萨的自治区石油总公司副总经理洛桑金巴的办公室里，那位名叫王峰的青年人向我讲起了他那充满心酸和甜蜜的神话般的往事。

纳木错

时光倒转31年，纳木错湖畔可是一种别样的风景。中国灾难性的政治运动同样波及大草原，天灾加人祸，使牧业生产几近衰败。牧人的生活笼罩着饥荒和贫穷的阴影。

在湖滨的尼玛乡五村，牧人边东一家的生活陷入了绝境。严冬即将来临，他和妻子央切姆愁眉不展，望着绕膝的8个干瘦、无力的孩子，心中更是绝望。他们没有几头牦牛，只能靠几只山羊的奶过活。对于他们两口子来说，自己的生死早已抛到九霄云外，只愿能保住孩子们的性命。于是，他们祈祷着，渴望着，祈求上天保佑一家人度过这生死难关。

可是，严酷的现实不能如他们的愿，在难忍的饥饿中，两个孩子相续夭折。就在他们非常困难的时候，他们所熟悉的区委书记王明忠来到他们家中，王书记还带来了他新婚的妻子贺佑翠。边东家的情况使这年轻的汉族夫妇感到震惊，他们商量了一下，决定收养一个孩子，为这个困难的家庭尽一点力量。

于是。两岁的扎西多吉成了幸运儿，但却要离开自己的生身父母。

当时年轻的王明忠夫妇还没有孩子，就把扎西多吉作为自己的血脉，取名王峰，以“峰”为名，就是要让他记住自己出生在海拔

4800米的高山之上，不忘自己的父母和故乡。

1970年，王峰的生活环境发生了根本的变化，那一年由于在高海拔牧区工作了15年，王书记的心脏出现了问题，组织上调他到西藏设在四川眉山太和的油库任书记兼站长。他们一家人也就一下子从“天湖”边到了“天府之国”。

王峰回忆说，当时离开家乡，离开西藏的情形，已全然不记得了。但是后来在四川上学的经历却历历在目。他于1971年在当地上小学，接着读初中，最后从兰州职工中专毕业，学的是电焊等实用技术。王峰中专毕业后便进入他养父所在的太和油库，从事接卸油料工作，油库各种工作他都可以干。

“我被收养后，母亲又生了一个妹妹，但父母仍然对我非常好，不仅疼爱我，而且严格管教，使我能够健康、快乐地成长。”他说：“记得我小时候得了一次肺炎，发烧40多度，紧急送到四川省第一人民医院去抢救，才脱离危险，如果在纳木湖边，那就死定了。”

听到这里，我仔细打量眼前这位汉子，皮肤黝黑，满口四川话，已不会说一句藏语。环境确实能改变一个人。王峰身上已丝毫没有了纳木错湖畔的“酥油糌粑味”了。

然而随着岁月的流逝，王峰对纳木错湖的眷恋油然而生，血液在呼应根的召唤。在养父母的鼓励下，他萌生了寻根的念头。

1993年，王峰只身踏上了回归之路，他在藏北草原上东奔西跑，但因语言不通，无人带路，尽管找了很久也没有找到自己的父母。

自治区石油总公司的领导深深地同情王峰的身世，理解他的心情。1995年自治区党委副书记巴桑视察太和油库时，阿丁总经理向她介绍了王峰的情况，并表示公司要帮助王峰去寻根。巴桑书记建议，最好将王峰的生父母和养父母都请到拉萨，大家聚一聚，共叙藏汉民族情。此后，公司副总经理洛桑金巴亲自去纳木错察访，终于找到了王峰的老家，这样王峰才得以再次回到纳木错湖畔，这才有了文章开头所描绘的动人情景。

王峰此行，养父母很支持，他们也都想重归故地，但体检没有过关，于是他们买了不少礼物，让王峰带回去好好慰问一下自己的亲生父母。

王峰告诉我说："我要到我出生的地方看一看，因为我的血管里流的是藏族牧人的血。"让王峰感到遗憾的是，他的亲生父亲已于1994年去世，没能和自己阔别27年的孩子见上一面。不过王峰见到了他的母亲，见到了当时被另一户收养的他的大哥和唯一在父母身边生活的妹妹。母亲告诉他，他被王书记收养后，又有3个孩子接连死去，那时的日子实在不堪回首。此时母子两人语言不通，但在洛桑金巴的翻译下，两人之间的隔阂和距离顷刻间消失了。

即将离开拉萨回成都的王峰和侄女卓嘎

在家乡的 4 天里，王峰沉浸在感受亲情的幸福的海洋里。说也奇怪，他没有一点高原反应，糌粑、酸奶、血肠、生肉样样吃得很香。大草原的生活，是王峰隔得很远却永远无法忘却的一种情结。

王峰说，家乡的面貌已发生了很大的变化。他脑海里无法消失的那一段穷困的阴影，今天已不复存在。但是，他也感到了亲人生活的不足，特别是大哥一家，已生了 6 个孩子，但只有一个上了学，王峰决心为大哥减轻一点负担，就提出由他收养大哥的一个孩子。大哥高兴地让 15 岁的老大卓嘎随王峰远走。王峰表示，一定要让卓嘎学习文化，特别是要让她学习医疗等实用技术，将来再回家乡来。在拉萨，王峰为卓嘎买了全套的新衣服，并且请人把卓嘎打扮得干干净净，像一个城里的姑娘。

前些日子，王峰带着满心的喜悦，带着侄女卓嘎登上了飞往成都的飞机。小卓嘎第一次坐上了飞机，她知道自己将飞向新的生活。

她的未来将会是怎样的呢?

原载《中国西藏》1998 年第 1 期

探访生活在珠峰脚下的人们

朗杰　白冰

世界最高峰珠穆朗玛峰，像一座高耸入云的白塔，矗立在中国西藏与尼泊尔边境的喜马拉雅群山之巅。她的盛名早已远扬四海，然而很少有人知道珠峰脚下人们的生活和追求。记者近日驱车沿中尼公路采访了那里的农民、僧尼和环保工作者。所见所闻，令人耳目一新。

珠峰大本营的牦牛驮运队

素有“高原之舟”美誉的西藏牦牛，如今越来越成为登山探险者离不开的运输工具。

国内外登山运动员从西藏首府拉萨乘坐汽车出发，经后藏日喀则市、定日县，到达珠峰登山大本营。这里海拔 5200 米，抬头望去，海拔 8844.43 米的第一高峰——珠穆朗玛峰就在眼前，可这里离珠峰还有十几公里的路，这一段路就是牦牛大显身手的地方了。

西藏日喀则定日县天气晴朗，世界最高峰珠穆朗玛峰
在蓝天下分外壮丽。（郭求达摄）

5月，正是西藏登山的好季节，也是珠峰周围的农牧民和牦牛最忙碌的季节。这时，平日连飞禽都很少见的珠峰大本营热闹起来，一顶顶五颜六色的帐篷，像一个个彩球散落在石滩上，一群群牦牛背着木制牛鞍，在一旁反刍，等待主人的差遣。

18岁的平措是第一次为第六届全国少数民族传统体育运动会采集中华民族圣火火种的西藏登山队驮运东西，他和他的13名伙伴赶着40头牦牛，来回用了9天时间才驮运了一趟所需物品。按规定每人每头牛一天的工钱为20元人民币，这对于当地农民来说，是一笔可观的收入。据珠峰所在地定日县统计，他们县每年有8个乡的数百头牦牛为国内外登山者驮运物资，年收入达100多万元。

平措说："我第一次拿到大把的钱，心里真是高兴。不过到雪线，头痛得快要爆炸了，这可能是雪的原因吧？"与平措同行的伦珠显得明白事理："这不是雪的问题，而是'拉度'。"他抢话道。"拉度"在藏语里是"高山之毒"的意思。

47岁的伦珠几乎每年这个时候都要到珠峰脚下从事牦牛运输，他们将种种登山用具从大本营送往海拔6500多米的前进营地，从前进营地到各个营地的运输，就全部都由登山协作人员来做了。

伦珠十分健谈，对牦牛很偏爱。他说，西藏牦牛全身都是宝：肉质营养，皮毛可制革、制衣，奶可以提炼酥油、奶渣，角可以制造工艺品，连牛粪也是西藏农牧区离不开的燃料，而且耕地、运输，样样离不开牦牛。

"然而"，他风趣地说，"牦牛毕竟是牲畜，总有不如人的地方，赶到海拔6700多米的时候，它就死活不肯再走了，而人则可以登上顶峰。"

牦牛驮运队的另一项任务是每年将40多吨的垃圾从各登山营地

珠穆朗玛峰（道坞·晋美摄）

拉回大本营，然后由汽车运送到其他地方处理。对于下大力气将垃圾拉回来的问题，伦珠不置可否，但他说：“过去塑料制品满地都是，与神圣的珠穆朗玛很不相称，现在好了。”每次送完登山货物返回时，虽然伦珠累得精疲力竭，但他仍像运送货物一样认真地将垃圾装入袋子驮在牦牛身上运回来。

绒布寺位于西藏日喀则市定日县珠峰脚下，海拔 5000 多米，是世界上海拔最高的寺庙。（刘东君摄）

世界上海拔最高的寺庙绒布寺

一阵阵浑厚的念经声，随着山谷的寒风传来。赭红色的墙体，绿色的长条经幡，耸立的白塔，在珠穆朗玛雪山的映照下显得神秘莫测。绒布寺位于西藏定日县境内，珠穆朗玛峰脚下，这里海拔 5100 米，号称世界最高的寺庙。相传公元 8 世纪，藏传佛教四大教派之一的宁玛派的创始人莲花生大师曾在此修行。公元 1901 年，他的信徒在这里修建了这座占地 600 多平方米的寺庙。

走进寺庙主殿，正面有释迦牟尼、莲花生等塑像，经堂中间 8 名喇嘛一字排列，两边是 20 名尼姑分别盘坐在垫子上。喇嘛、尼姑同在一个经堂念经、做法事，在其他教派的寺庙不多见，这也许是宁玛派寺庙的一个特点吧。

寺庙虽小，名气却不小，慕名前来朝圣的善男信女络绎不绝，尤其开展登山旅游项目以来，这里成了游客休息的地方。据寺庙负责人阿旺西典介绍，目前寺庙建有 30 间 100 多个床位的旅店，接待中外游客，而且还设有餐厅和小卖部。尽管条件简陋，但每位旅客都能吃到热乎乎的面条、米饭、炒菜等现做的饭菜和种种方便、罐装食品。假如没有高山反应，还能喝啤酒和其他酒类。当然价格略高一些，因为这里的东西都是从千里之外的日喀则、拉萨等地运来的，有的甚至是从内地长途贩运而来的。

一名从大本营登山观光下来的外国游客在餐厅吃了顿咖喱牛肉饭以后说，在海拔如此高的地方能吃到可口的饭菜，简直不可思议。据说一些年轻的外国游客还聚在不足 30 平方米的餐厅兼娱乐室里，通宵达旦地狂欢。

寺庙办旅店和餐馆，不仅为游客提供了便利条件，而且每年还为寺庙增加 14 万元左右的收入。阿旺西典说：“这些收入除了为僧尼买些酥油、砖茶等生活必需品外，主要用于维修和改善接待条件。”

除了每天的佛事活动外，尼姑负责拆洗旅店的被褥，打扫卫生，僧人则负责联系车辆调运货物等事情。

“最头疼的是柴火”，阿旺西典说，因为这里几乎是不毛之地，做饭、取暖用的薪柴都是从山下几百里之外买来的，不仅成本高，而且常常供应不上。这里半年时间冰天雪地，最低气温零下三四十度。有一年冬天，积雪高达 1 米之上，汽车上不来，僧尼的口粮、薪柴全断了，他们只好在齐腰深的雪地里行走了 7 天 7 夜，才到了离寺庙 30 公里外的巴松乡。

阿旺西典说：“尽管如此，我们都乐意在这里生活，因为我们为众生的幸福祈祷，个人吃点苦没啥，况且，现在的宗教政策那么好。”

巴松乡的“潘得巴”

在珠峰脚下的定日县巴松乡，23 岁的“潘得巴”珍琼是一位家喻户晓的人物。“潘得巴”藏语意为乡村福利员，她发明了用糌粑加水和食盐的土办法治疗脱水病，这一行之有效的方法受到当地群众的欢迎。

珍琼和村民一道在房前屋后植树造林，建起了一座“潘得巴林卡”，并在这个海拔 4300 米的地方成功试种北京杨树，结束了巴松乡不能种杨树的历史。

如今在珠峰保护区，像珍琼这样的乡村福利员不乏其人。地处珠峰保护区核心区之一的嘎玛山谷风景秀丽，过去当地群众对国有林木砍伐严重，在潘得巴罗布的技术指导下，当地居民建立了一个苗圃基地，种植了杨树、柳树、苹果、花椒等经济林木。“现在这里许多村民的院落都栽有树木，过去的砍树人变成了现在的植树者。”罗布说。

西藏珠穆朗玛峰自然保护区自然条件恶劣，农牧民居住分散，缺医少药现象严重，群众自我保护能力弱。在美国新一代基金会的

日喀则是西藏主要的粮食产区，素有“西藏粮仓”的美誉（刘坤摄）

援助下，西藏珠峰保护管理局借鉴国外乡村员的成功经验，设计了一套以加强社区卫生服务为出发点，同时保护环境和增加地方居民家庭收入的“潘得巴”项目实施计划。

“潘得巴”项目负责人卓玛说：“5 年前在珠峰保护区内实施的‘潘得巴’国际援助项目，现在已成为当地群众发挥自身能力，共同解决社区卫生、环境及经济发展等问题的有效途径。”

吉隆县卡忙布牧区自然条件恶劣，人畜饮水困难成为当地牧民最为关心的问题。在当地政府的支持下，这个村的“潘得巴”塔杰老人带领村民修建了一座集人畜饮水、农田灌溉为一体的自来水工程，解决了当地牧民的饮水和 800 亩草场的灌溉问题。

卓玛说，珠峰保护区的乡村福利员是从社区群众中选出来的，他们具有一定的文化基础，经过培训后再回到社区，把有关预防疾病、保护环境、生态旅游、扶贫及家庭创收等方面的知识传播给当地

西藏定日县群众表演弦子歌舞

群众，并提供相应帮助。目前，珠峰保护区内有 224 名乡村福利员，遍及保护区 80%以上的村落，他们承担着 80%的农村初级卫生保健工作，负责介绍防病知识，开展计划免疫和计划生育服务工作。

在珠峰保护区内，许多乡村在福利员的组织下，村民拿出一定数量的山羊统一放养，用卖山羊绒等挣的钱设立村民福利基金，解决了政府资助的乡村卫生机构经费不足的问题。“潘得巴”还利用当地丰富的野生药材资源，自己配制防治腹泻和治疗外伤的药物。项目区内的许多农户家里收藏有天然药材，不但供家人用，还提供给到这里的国内外游客。

与此同时，许多乡村福利员还用学来的知识和技能积极组织村民兴修水利、植树造林，发展经济林业，在增加村民收入、改善环境等方面也做了许多有益的工作。

哈呼旅馆——登山探险者的乐园

没有豪华的客房、没有一流的服务，但诸多到珠峰登山旅游的客人，大都会选择纯朴热情的哈呼旅馆作为落脚的地方。

哈呼旅馆与其他民房，没有什么不同，唯一惹人注目的要算立在公路边的招牌，用藏、汉、英、尼泊尔4种文字书写的“哈呼旅馆”，使慕名前来的客人不用费事就能找到。

仲春的珠峰脚下，仍是寒风凛冽，位于中尼公路边的定日县岗嘎乡的哈呼旅馆却是一派热闹景象。大厅内的牛粪炉边，围坐着不同肤色的到珠峰登山的各国登山家，边烤火边高谈阔论。女主人尼玛站在一边，不停地为他们的茶杯里添着浓香的酥油茶。

“哈呼”，藏语里是快乐的意思。哈呼旅馆在西藏登山界有着绝对的知名度，无论是西藏登山队，还是国内外其他的登山探险队，去附近高峰的登山营地之前，大都会住在哈呼旅馆，做最后的准备。胜利归来，也不忘给尼玛打个招呼。

哈呼旅馆离珠峰大本营100多公里。尼玛说，每年五六月份是攀登世界第一高峰珠穆朗玛峰的黄金季节，也是哈呼旅馆生意最好的时候。目前已有中国、西班牙、日本和国际登山协会的多个国家登山探险队到此攀登珠峰。

尼玛一家原是附近的农民，9年前，她家投资兴建了这个私人涉外小旅馆，一直由她大儿子来经营。尼玛的大儿子因病去世以后，她开始管理哈呼旅馆。现在她们祖孙三人又当经理，又当服务员。

她说客人闲暇时，都喜欢围在火炉边聊天，互相介绍登山旅游的经验，直到睡觉才回自己的房间。尼玛一家已经习惯了这种热闹的日子，只是在客人较少的冬季，她们略感寂寞。

哈呼旅馆是一座典型的后藏农村建筑，屋顶上插着五色经幡。

西藏定日县文化广场民俗歌舞表演

一个大院子里沿墙用土坯建成了许多简单的房间，共有 23 间客房，院子里最漂亮的建筑当属用水泥建成的厕所。“不管什么地方来的，对厕所的洁净度要求都比较高”，尼玛说。

旅馆内有的房间放着藏式卡垫，有的只是普通木床。墙上贴满了各国登山探险队的照片。尼玛说，这些照片都是住店的客人送给他们的。旅馆的客房分两人间和四人间，价钱都很便宜。不论是中国人还是外国人，一律都是 10 元钱一天。

因为这里是去珠峰大本营的必经之路。现在岗嘎乡有了 5 家旅馆或饭店，有在此做生意的四川人开的川菜馆，也有国营旅行社开

的饭店。但生意最好的还数哈呼旅馆，在此住宿的客人都喜欢这里地道的西藏情调。

哈呼旅馆给住宿、过往客人提供可口的藏式饭菜。早点一般都是酥油茶和在火炉上烤的薄饼，午餐和晚餐有咖喱土豆牛肉饭和藏式面条，对吃不惯藏餐的客人，旅馆小店里可以买到方便食品和矿泉水。

如今，小小的哈呼旅馆，不仅成为西藏登山探险队的休整营地，而且经常可以看到徒步背着旅行包或骑着自行车的老外在这里暮宿朝出，去攀登珠峰或到中尼边境的樟木口岸旅游。

珠峰的护身符和保护神

珠峰脚下海拔 5000 多米的加乌拉山上的一块石碑上刻着“我的护身符”，这块已经耸立了 10 年的石碑向世人昭示，珠穆朗玛峰国家级自然保护区得到国家法律保护。

中国三大自然保护区之一的珠穆朗玛峰自然保护区，位于西藏定日、定结、聂拉木和吉隆四县境内，保护区总面积 33900 多平方米公里，仅次于新疆阿尔金山、藏北羌塘自然保护区。

据西藏自然保护区管理分局副局长多杰介绍，在定日县境内共有珠峰登山大本营、荣夏、嘎玛沟三处核心保护区，面积1万多平方公里。有雪豹、藏野驴、长尾叶猴、岩羊以及各类珍稀鸟类。其中位于珠穆朗玛东坡嘎玛沟保护区，从海拔5000多米的雪山、草甸到海拔2000米的灌丛、森林、亚热带植物，应有尽有，被外国探险家称为“世界十大景观之一”。

多杰说：“保护区内的生态环境至今仍保持原始风貌，各种野生动物均得到有效的保护。”他说，珠峰周围的岩羊从不怕人。每到冬季，它们成群结队到绒布寺一带有人烟的地方觅食。而在希夏邦玛保护区，经常可以看到藏野驴和当地牧民的家畜在草原上嬉戏的场面。

珠峰自然保护局定日分局成立10年来多杰一直负责这项工作。他说，每年到核心保护区域登山、探险和旅游观光的中外游客有六七千人，为保护好自然环境，他们在主要通道上建立了检查站，严格出入手续，并在主要路口和山口竖起了“珠峰自然保护区”标志和石碑，并警醒人们“你已进入保护区，请自觉遵守有关规定”。

在位于珠峰深处的嘎玛沟原始森林保护区，专门成立了防火、防盗领导小组，防止乱砍滥伐森林和不法分子盗猎，14名青年组成了专职护林队，昼夜不停地加以巡查。同时建设苗圃，动员当地群众植树造林。

西藏珠穆朗玛峰国家级自然保护区建立10年来，在国家政府和国际友人的帮助下，已经建立起一套科学的保护体系，保护区内的原始森林、药材和国家一二级野生动物种群繁多，生态平衡，环境保护良好。

清理垃圾也是珠峰管理局的一项重要工作。去年，他们出动了200人、16辆卡车，对珠峰、卓奥友峰周围进行了全面清理，处理垃圾 70 多吨。10 年来他们共清除垃圾 400 多吨。现在他们在当地牦牛驮运队的帮助下，每年登山旅游所遗下的垃圾已能当年清回，以前的陈年垃圾，也正在慢慢清理，逐年减少。

原载《中国西藏》1995 年第 5 期

现代文明渐入雪域农家

陈江　多穷

最近，记者到西藏农村采访，深深感受到农村正在发生的巨大变化，看到了农牧民群众对科学技术的热情追求，也感受到了他们对过上更加富裕、文明生活的渴望。

自 20 世纪 80 年代中期以来，由于中央在西藏实行了一系列优惠政策和特殊措施，农牧民的生产积极性高涨，农牧区的面貌和农牧民的生活发生了很大变化。据统计，从 1987 年以来，西藏农牧业已连续 12 年夺得丰收。1999 年西藏的粮食总产量达 91.7 万吨，比上年增长 7.9%；乡镇企业总产值达 6.3 亿元，多种经营收入达 8 亿元；农牧民人均收入 1230 元，生活质量有了进一步提高。

欢乐的赛马节（郭旗摄）

良种村的故事

汽车在高山峡谷中行进，在走不尽的崇山峻岭中，一垄垄河谷田畴忽然展现在眼前，让人兴奋不已。可能不少人会认为，西藏环境恶劣，农业耕种技术落后，粮食产量很低。其实，这早已是一种过时的看法。

当地的农村干部告诉记者，农牧业是西藏的经济支柱，西藏粮食生产连续获得12个丰收年，除了西藏农民长期以来重视农业水利、改土改肥等基础设施建设外，主要是靠科学技术，特别是推广优良品种取得的，如今，科学技术在农业生产中所起的作用非常明显。到目前为止，西藏引进并推广优良小麦、青稞、油菜等作物品种达80多个，推广面积在70%以上。

许多农民在多年的耕种中看到了优良品种的增产作用，纷纷改用良种。于是一些地方就出现了专门种植优良种子的村落。堆龙德

在山南市桑日县桑日镇奴卡村，驻村工作队帮忙协调资金，购买了一台联合收割机，免费帮村民收割麦子，大大提高了麦收效率。（张京品摄）

庆县东嘎镇的桑姆村就是其中的一个。这个村子在拉萨市农牧局的指导下，共引进了美国、法国等国家的 11 个品种，试种成功后，进行品种制作，再供应给周围的村庄种植，获得了好的收成。

良种的效益是摸得着、看得见的，市场上普通青稞每斤售价 0.80 元，冬小麦每斤售价 0.60 元，如果是良种的话，价钱就不一样了，良种青稞每斤售价 1.30 元，良种冬小麦每斤售价 1.25 元。于是家家都愿意引种良种，去年桑姆村共出售良种 9 万多斤。

的确，农民们看到，在土地、耕作制度改进与优良种子相比较，无疑种子增产的潜力是最大的。良种使西藏地方的青稞产量由过去的二三百斤提高到 800 多斤，春小麦由过去的 500 多斤提高到 900 多斤，日喀则地区冬小麦甚至达到了亩产 1700 多斤。

推广优良品种和科学技术，使现有的家庭联产承包制得到改善。在拉萨郊区、日喀则和山南等地区，记者都看到了农民自动联合起来的创举。因为，单家独户经营，往往出现播种技术参差不齐，土地不利于机耕、灭虫不力等情况。于是许多农民便自动联合起来，或是由当地政府组织，进行统一机耕、统一播种、统一管理、统一收割等“五统一”，或者“八统一”。这样，既调动了实行家庭联产责任制的积极性，又有利于科技的推广和运用，取得了很好的效果。

冰雹喇嘛失业了

随着科学技术的推广，西藏农民的思想观念和物质生活也发生了巨大变化。无论是在藏东南，还是在藏西北，我们都看到了一些悄然变化着的民情和风俗。

勤劳致富的观念开始深入人心。在西藏的广大农村、牧区，群众都信仰藏传佛教，这种根深蒂固的信仰渗透到社会生活的各个方面。但是，现在却有了明显的变化，人们的宗教观念变得宽容而温和，既信仰宗教，也相信科技种田和勤劳致富。林芝一带的农民，农忙的时候出来转经的人很少很少，问他们这是为什么，他们说：“转经又转不出粮食来，要致富，还要靠辛勤的劳动。”

年楚河江孜地区是西藏的“粮仓”，每年都要向国家出售大量的商品粮，但这里又是灾害多发区，特别是冰雹的危害时有发生。过去，每到夏天都有不少农民请喇嘛念经驱雹，这些喇嘛因而被称为冰雹喇嘛。而今“冰雹喇嘛”全都失业了。

1999 年 4 月，上海市在江孜投资了 100 多万元，建起了西藏第一座县级人工影响天气的雷达指挥中心，并配备了中国最先进的数字化天气雷达设备。在去年 7 月到 9 月投入使用的两个月中，共向全县乡村 5 个炮点提供了 5 次作业，发射了 2500 枚炮弹，使江孜县 14 万多亩粮食作物免遭一次又一次的冰雹袭击，使粮食安全入仓。

雷达中心的负责人旦增告诉记者：“现在，江孜没有一个农民再会找冰雹喇嘛念经驱雹了，有一位名叫旺扎的冰雹喇嘛开始不相信我们的雷达有这么大的用处，来中心参观后说：‘这家伙真灵验，我们只好另找出路了。’”

科技种田也影响了人们的择偶观念。一些农村出现了择女婿要念“科技经”的现象。堆龙德庆县东嘎乡规定，凡是哪户人家要招上门女婿，都必须经过村里的科学文化知识考试。不合格的，不得领取上门女婿进村的通行证，如今在农村，年轻人不好好读书，不学习科学知识，娶媳妇都困难了。

起房名的新风俗

过去的西藏，只有贵族才有家族名，或者叫房名、家名，而普通老百姓是不能起房名或户名的。因此，有不少人认为，藏族人都是有名无姓，现在，经济发展了，人们的观念变化了，许多普通老百姓不仅有了名，也给自己取了姓。在后藏的日喀则农村，农民盖好了新房，在乔迁仪式中增加了一项新内容，就是为新房起户名。通常的做法是办酒席，请全村人和亲朋好友前来赴宴，然后宣布房子的名称，这些名称一般都非常吉祥。从此在这个房子里生活的人，均冠以这个房名作为姓氏。于是，姓氏开始飞入寻常百姓家。

鲁朗污水处理厂（噶哇扎西摄）

鲁朗村民排队等候广州中山大学医院医疗援助（噶哇扎西摄）

此外，像“吉加”这样的一些贱名也渐渐消失了。过去，由于生产力水平低下，农民的生活无保障，卫生条件差，孩子的死亡率很高。作父母的在生了一两胎均告夭折的情况下，往往会给再生的孩子取一个很贱的名字，比如“吉加”（狗屎）、“帕加”（猪屎）、“其珠”（小狗）之类……人既贱之，鬼神亦不忍欺。而今，这类名字随着卫生条件的改善，群众生活水平的提高而消失了，代之而起的是代表美好愿望的名字。比如女孩子叫“强巴白珍”（未来白度姆）、“格桑卓玛”（格桑花仙女）、“德吉卓嘎”（幸福度母）等。男孩则流行叫“次仁罗布”（长寿宝贝）、“丹增加布”（永远的王者）、白玛顿丹等等。

农民迎接新挑战

记者在西藏农村采访，听到最多的话题，还是怎样增加收入，怎样提高生活质量的问题。对于发展粮食生产，解决吃饭问题，农民们都没有任何异议，而且举双手赞成。但是对于发展多种经营，更多地进入市场，则比较陌生和犹豫。因为这对于西藏农民来说，

这是次丹多吉位于当雄县境内的家。借助青藏铁路的辐射效应，像次丹多吉一样，很多附近的村民走上了小康路。（晋美多吉摄）

是一种新的挑战。

在中央和全国各省市的对口支援下，经过近些年的努力，西藏的交通、能源、电信等等基础设得到了很大改善，各类援助项目的建成使用，也随着时间的推移，越来越显示出其综合效应。一些地方农村的发展越来越快。拉萨、日喀则等城市周围的郊区农村，为适应城市经济的发展，搞起了运输服务和蔬菜种植，有的还进城办起了商店和饭馆，依托城市、服务城市的乡镇企业也发展起来了。

一些民族土特产品，随着旅游业的发展逐步成为俏手货。而这些民族产品的生产基地就在农村。通过政府有意识的引导和市场的慢慢发育，乡村民族产品的生产开始走上专业化道路，于是出现了一批有特色的专业乡村。如江孜县的卡垫之乡，拉孜县的藏刀村，贡嘎县的氆氇之乡，还有围裙之乡、陶器之乡、传统造纸之乡、藏

一场酸奶评比活动在西藏拉萨城关区娘热乡牧场举行，20 多户牧民把自家做的酸奶拿给美食家和品尝者打分，选出最鲜美的酸奶。（觉果摄）

香之乡等等。

另外，在郊区大力发展效益高的畜牧业和蔬菜、瓜果种植也成为时尚。去年江孜县在上海的支援下，建起了一个年产规模 1500 吨的饲料添加剂工厂，引导农民通过改良畜种和使用饲料添加剂的手段，缩短出栏周期，提高畜产品的产量。县里通过“公司 + 农户”的办法，将加快发展农村畜牧业的技术尽快地普及农民中，使他们通过发畜牧业，转化部分粮食，提高收入。

由于受传统习惯影响，西藏农村的牲畜仅仅作为运输工具，不能宰杀出售。这些牲畜既占了草场，干活的时间又不长，效益很差。为改变这种情况，广东根据对口援助的林芝地区的情况，设计和提供了农业机械，不仅极大地减轻了农民的劳动负担，对农民观念的更新也起到了极大的促进作用。许多农业机械在农忙时机耕、机播，农闲时用作运输，代替了骡马牲畜，又腾出了草场。

蔬菜种植为城市郊区的农民带来了很大的收益，蔬菜的需求量近些年来大大增加，它一方面改善了农民的饮食结构，同时也为农民开拓了一条致富的渠道。拉萨郊区、日喀则附近，以及山南等地，都有一些蔬菜种植专业户。他们为了种好菜，种出效益来，还专门请来了内地的农民，或承包或指导。当农民们看到过去只能长草的土地上长出了绿油油、圆滚滚的西瓜，结出红艳艳的西红柿，长出一条条的黄瓜，那种惊讶和欢喜真是难以用语言表达。

现代科技和现代生产生活方式正在改变着西藏农民，面对这些悄然发生的变化，农民们以欣喜的态度感受着、追求着。当记者问起一位老人对现代化是否欢迎时，老人说，我不懂什么叫现代化，但我们喜欢那些能多长粮食的种子，喜欢那些省力的机器，也愿意日子过得更好一些。

原载《中国西藏》2000 年第 2 期

边走边看——藏南边境行

朗杰　朵玛多吉

那里的人们不惧严酷的自然环境，满腔热情地工作着，他们的生产、生活正发生着深刻的变化。

密林深处有电视

当夜幕降临，西藏错那县勒布民族区的门巴族人大都打开电视机，围坐在卡垫（藏毯）上，喝着酥油茶或青稞酒，观看他们喜爱的电视节目。

勒布区区长次仁俊美说，民族区共有140多户，其中50%的人家里已有电视，而且都是彩色电视机。他说，只要有好货，许多家庭都想买。据人民银行勒布营业所统计，门巴群众在这家营业所的存款达400万元，平均每人存款6000多元。

记者来到旺姆家。40岁的旺姆是一位家庭主妇，她有3个孩子，大儿子在山上放牧，二儿子和最小的女儿在区公办小学读书，丈夫

门巴汉子（苗鸿摄）

因为是勒乡的乡长，很少在家。因此，前年乡里建了广播电视收转站以后，电视成了她最好的伙伴。

“我最喜欢看藏语电视连续剧”，她说，“小孩周末放学回来，爱看动画片，而爱人又喜欢看新闻。”每当这时旺姆只好让位，干她的家务活了。

与旺姆不同的是，麻玛乡的格桑罗布则喜欢看“财经报道”“经济信息”和“世界各地”节目。他说：“通过收看这些节目，使我能够更多地了解国内外发生的事情。特别是经济情况。”格桑罗布和他的母亲，几年前在村里还是贫困户。前些年，他从银行贷款 1 万元，从泽当、拉萨等地贩运日用百货，在交通闭塞的乡村开起了商店，又用赚来的钱买了一辆东风货车，跑运输，一下子富了起来，还盖了新房。初懂汉语的格桑罗布说：“电视节目让我大开眼界。”

门巴族人主要聚居在勒布山沟，勒布（藏语美妙之意），位于喜马拉雅山脉南麓西藏错那县境内，辖麻玛、占巴、贡日、勒四个门巴民族乡。这里平均海拔 2800 米，常年山清水秀、鸟语花香。当地政府给予门巴人特殊照顾，允许群众自主经营部分山林。

据了解，在西藏 550 个乡建立了太阳能广播电视收转（单收）站，是 1994 年中央确定的 62 个援藏建设项目之一，总投资 2800 万元，如今绝大部分乡已经建成。勒布区所属 4 个乡的收转站，目前可接收中央、西藏等 7 个频道的节目。次仁俊美区长说，在深山野林中也能看到电视，这是一个历史性的跨越，不仅满足了门巴人文化娱乐生活的需求，还能开阔视野，增长知识。他自豪地说：“深居深山密林中的门巴人，现在不出门也能看到世界。”

门巴人的生育观

生活在祖国西南边陲勒布的门巴人，尽管人均收入比 10 年前翻了十几倍，但当地人口从解放初的 100 多人发展到前些年的 600 多人后，近年却呈平缓发展状态。

拥有 4 万多人口的门巴族是中国人口最少的民族之一。尽管门巴族没有实行计划生育政策，但勒布的门巴族人生育一般为二至三胎。门巴族区长次仁俊美说："多生孩子负担太重，我们希望生活过得好一点，因此不愿多生孩子。"

次仁俊美与当教师的妻子卓嘎生有一女，他对目前的家庭状况感到满意。他认为，保障孩子受到高等教育非常重要。没有受过正规教育是他和妻子这一辈人的遗憾，他希望上辈人的不幸不要在下一代延续。过去，门巴山区的教育几乎是一片空白。和平解放后，政府十分重视边区群众的教育工作。如今，勒布区小学在校生人数达 90 名，儿童入学率在 98% 以上。先后有近百名门巴族新人走出山区，从事各种全新的工作。

旺姆是勒乡孩子较多的母亲。她在生完第三胎后主动到医院做了结扎手术。她说，从 1980 年起，国家每月为门巴人供应 17.5 公斤口粮，她家便把主要精力放在搞家庭副业增加收入上，孩子太多不仅影响工作，还会造成家庭负担。

原始山寨现代潮

到 20 世纪 50 年代仍生活在"刀耕火种"时代的西藏僜人，现在已跳起了迪斯科。

生活在喜马拉雅山脉东段北坡察隅山沟里的僜人，第一次从影视上看到现代舞时，都感到"莫名其妙"，而现在这种与当地舞蹈大不相同的外来舞，已成为察隅人日常娱乐活动之一。

逢年过节，这里的年轻人聚集在乡政府大院或草地上，随着录音机播放的舞曲，尽情欢舞通宵达旦。

察隅沟公认的“迪斯科王子”达多，是下察隅乡的普通农民。然而，与耳挂硕大的喇叭型耳坠、身穿无袖长衫的老人不同的是，达多和他的同伴有的穿西服，有的穿“牛仔”。达多说：“劳动之余，跳跳舞可解除一天的疲劳，也可丰富村里文化生活。”他说，现在手里有了钱，我们这些山沟里的人何不“吸一吸现代生活的新鲜空气”。

僜人没有自己的文字，多少世纪以来使用结绳和刻木记事的办法，平时没有记年月的习惯。20 世纪 50 年代以前，僜人被视为“野人”，他们靠“一把刀、一把火”世居山林。几根木桩，用藤葛捆架起来，盖上茅草，便是他们的栖身之地，“刀耕火种”是他们的主要生产方式。1959 年西藏民主改革时，在政府的帮助下，僜人从深山老林中走出来，开垦土地，建设新村。如今，他们的生产生活正发生深刻的变化。

当你走进察隅沟任何一个村庄，你就会感到现代潮不仅仅出现在年轻人的舞场上，骑着自行车上工的小伙子、满载货物的汽车、琳琅满目的路边小店，以及从学校、农家小院传出的琅琅读书声和悠悠流行歌曲，都显示出现代文明之风吹遍了各个山谷。

一部分先富裕起来的僜人，其家庭设施也不比城里人逊色，收录机、电视机、沙发、立柜、席梦思等现代家庭设施样样俱全。

格桑达瓦夫妇和他们的四个大学生孩子

目不识丁的藏族老汉格桑达瓦，勒紧裤腰带把 4 个子女培养成了大学生。

僜人（朱琪摄）

老汉为此付出的艰辛可想而知。但他说："值得！"

格桑是西藏日喀则地区亚东县的一名退休工人。西藏和平解放前，格桑因不堪寺庙喇嘛的虐待而逃到了亚东，举目无亲的他仍给当地领主当用人，直到西藏民主改革以后，他才当上了林业工人，并与一位叫普赤的姑娘结婚成家。

格桑夫妇有 5 个孩子，当时微薄的工资和妻子种田的收入仅够维持一家 7 口的生活。格桑说："我们再苦也要孩子读书。他们再也不能像我们这一代那样成了睁眼瞎，应当让孩子成为对国家社会有用之人。”

看到孩子们一个个背上书包进了学堂，格桑夫妇舒心地笑了，可家里的负担也同时加重了。懂事的大女儿索郎普赤上到初二就瞒着家里退了学，找了一份临时工作，帮父母供弟妹读书。

格桑的三女儿央宗回忆说：“我和二姐次仁念到高中毕业，也想效仿大姐，考个中专算了，好早点工作分担家里的负担，但被爸爸妈妈坚决阻止了。”1986 年，次仁和央宗分别考上了拉萨西藏藏医学院和陕西咸阳西藏民族学院。两年后，她们的弟弟琼达考入了西藏大学。

尽管当时大学还没有实行收学费制度，三个孩子上学的路费和生活费还是成了这个家庭的沉重包袱。6 年间，格桑夫妇一共花了五六万元钱，其中很大一部分是向单位和亲朋借贷的。往往是孩子们揣着充足的生活费返回了学校，夫妇俩就开始节衣缩食地生活还债。“最苦的两年，家里逢年过节都没钱买肉和蔬菜。”普赤说。

这时，有人劝格桑让一个孩子退学，县里也答应帮助安排工作。格桑说：“有两回我都走到了县门口了，但就是迈不进去。孩子们好不容易上了大学，怎么忍心让他们半途而废呢！

现在，格桑的 4 个孩子先后大学毕业，找到了理想的工作。孩子们对父母十分孝敬，儿子琼达用第一个月的工资为家里添了一台洗衣机，央宗和次仁也常常寄钱给家里和正在读书的小妹妹。

但这并不是格桑最关心的，央宗说：“每次休假回家，爸爸问得最多的就是我们在单位里的表现。临行前对我们叮嘱最多的，也是要干好工作，不辜负国家对我们的培养和教育。”

马背上的西藏基层干部

在现代交通工具发展突飞猛进的今天，祖国西南边陲的西藏农牧区基层干部仍然骑着马穿梭于崇山峻岭之中。他们不惧严酷的自然环境，始终满腔热情地工作着。

记者沿着喜马拉雅山区采访，亲身体验到在这高山峡谷地带工作的艰辛。我们从西藏山南地区隆子县驱车来到加玉乡，再往东就没有公路了，只有骑马前行。加玉乡与准巴乡之间只有 25 公里，如果坐汽车去，要不了半个小时，可我们骑马足足用了 5 个钟头。这是一条十分险峻的山间骡马道，抬头是陡峭的山崖，脚下是咆哮的河流。我们按向导的指引壮着胆子前行，到了目的地，一个个累得腰酸腿疼。

准巴乡党委书记桑典介绍说，全乡 4 个村都在山上。从乡所在地到各村，骑马至少走一天，有的村路连马都过不去，只有靠两条腿。乡干部一年三分之二的时间都在各个村办事，其中一半时间都在马背上度过。

因为不通公路，给乡里工作、群众生活带来许多不便。农用化肥、日用商品，甚至食盐，都要从几十公里以外的县城，靠人背畜驮进来。光处理、联系这些看似平常的琐事，乡干部们就需花费相当的时间和精力。有一年夏天，桑典骑马到县里办事，一场暴雨把桥冲毁，唯一的路行不通了。他想绕道回去，结果深夜在灌木林中迷了路，弄得筋疲力尽。幸亏老马识途，天亮时把他驮回家里。

在错那、洛扎、浪卡子等西藏南部边远地区采访时，记者也遇到了骑马下乡的干部。西藏的许多基层干部，就是在这样艰苦的环境中工作着。如果是冬季，雪封山、路封冻，气温达到零下二三十度，骑马行走更加艰难。然而，这些基层干部没有抱怨。桑典说：“乡亲们都是祖祖辈辈生活在这片土地上，我们干部还有什么好说的呢！”他说，希望经济尽快发展起来，有一天能把公路修到每个乡村。

正是因为有无数个像桑典这样与民同甘共苦的基层干部，即使交通不便的准巴山沟，群众生活水平也有了很大提高，全乡人均收入达到1000多元。

原载《中国西藏》2001年第2期

热爱珠穆朗玛的人们

汪永晨

没到珠穆朗玛峰以前，在我的心目中，珠峰地区是一片白色的世界，没有其他的颜色，没有生命。

然而我错了。2001 年“五一”的珠峰行，修正了我心中的珠穆朗玛。那里不只是白色，那里生机勃勃。那里有裸露的岩石，深浅不同的褐色的岩石下面有顽强的绿色，绿色汇集绿色，汇集出了复杂的森林系统；那里有野生动物，哺乳动物有 53 种之多，鸟类更是有 206 种。此外，两栖动物爬行动物鱼类也都在那被称为“世界屋脊”的地方，找到了自己的家园。此次珠峰行，使我认识了珠穆朗玛，也让我结识了情系珠穆朗玛的人。

我们怕把太阳累坏了……

按一般人的思维，可能不会考虑到这个问题，太阳整天升起落下的，会不会太累。而卓玛老家的人，就是因为怕累着了太阳，而把她辛辛苦苦从拉萨买了送到珠峰脚下的太阳能灶又退了回来。理由就是，用太阳的光烧水、做饭，这还不把太阳累坏了？

卓玛是西藏林业厅野生动物保护处处长。说到自己的家乡，卓玛以生态保护主义者的口吻说：这儿有很多横穿喜马拉雅山的峡谷，这些峡谷对输送印度洋暖湿气流到青藏高原来说，是重要的通道。峡谷里面有很多森林植被和野生动物。珠穆朗玛峰是世界最高峰，海拔最高的动物分布点，植物的生长点都在这个地方。除了高山冰川以外，我们这儿还有草原、沙漠和荒漠。各种各样的生态环境，在珠峰保护区里差不多都快聚齐了。地面遗迹就更多了，在聂拉木古冰川遗迹，人们可以捡到多种化石，其中包括三趾马化石，非常奇特。

远望珠峰

卓玛偏远的家乡，至今没有公路，没有电。祖祖辈辈用的都是自然资源。可气的是，勤劳的人还有这样的习惯，砍很多很多的灌木，放到房顶上晒，晒干了再烧。就像我国东北人似的，谁家门口的“拌子”多，就表示谁家越能干，生活在珠峰脚下的人们是，谁家房顶上放得灌木柴多，就说明这个家庭富裕。至于什么这些木柴腐烂了，不经烧了，才不管呢。他们认为面子上的事，更重要。

生态环境比面子更重要，卓玛的这一观念，家乡人接受起来还不算难，因为他们自己也看到了生态变化带来的灾难。可是卓玛花了大价钱，费了不少力，从拉萨给家里人买回去的那个太阳灶，家里人是说什么也不愿用的。理由就是，用太阳做饭，造孽，这不让太阳太辛苦了吗！太阳一天到晚够累了，还得给我们做饭。我们不能再给太阳加大负担。

新鲜事物、高科技，让连公路和电都没有的地方的人接受起来，其难度是可想而知的。

然而，海拔 4000 多米的地方，植被一旦破坏了就很难恢复。老百姓过去过的是自给自足的生活。现在人多了，生态的负担加大了，怎么办？这正是卓玛和她的同事日夜操心和发愁的事。

卓玛和我说起争取和使用国际保护珠峰资金时，脸上充满了得意。我知道，这些年我们从国际上得到的项目基金，花起来并不容易。先要认真作预算，后要仔细报账。钱要是用在了不该用的地方，下次想再让人家给钱，可就没那么容易了。作为政府官员，卓玛他们要干的事，除了牵线搭桥，让国际社会认识生活在珠峰自然保护区的人们和他们生活的环境以外，还要把引进外资的环境建起来。这样的事，卓玛说自己是越做越有兴趣。

儿子在车上长大

我没想到普琼，一个藏族汉子会在我的话筒前泣不成声。普琼很能说，但给我讲故事，是受了珠峰自然保护区管理局定日分局局长边巴的启发。边巴心脏不好，在高海拔地区工作本来就危险，可一年到头在家里的时间也就是几十天，为此，他每次出门老婆就在日历上画道道，记录着他又走了多少天。因为他每次这一走，不单人走，还要把家里的钱也拿走，包括她挣的工资。谁让保护区财政紧张呢。只好拿自家的钱，当公差旅费。这样的丈夫，老婆能不在日历上画道道吗?

在日历上做文章，是老婆希望你早点回来呢。边巴，一个身材绝对可以称得上是魁伟的大汉，用微微颤抖的声音说：为了我的工作，我真的是对不起他们。边巴说的他们，包括他的两个孩子。

普琼是听到提起孩子后，打开了他的话匣子的。他儿子从 3 岁到 5 岁，是在他每天下乡的车上度过的。

普琼在日喀则珠峰保护区当副局长。项目需要，他常常到处跑。妻子是粮食仓库里的装运工，工作时间没规律。两个孩子都让她一个人带，实在有困难。用普琼的话说，老婆对他的宽大处理是，孩子一人带一个，你带两个孩子中大的吧。就这样，从 1994 年到 1996 年，无论普琼走到哪儿，屁股后面都要跟着个“小尾巴”。

孩子今年已经 10 岁了，有人问他．你长大了做不做爸爸干的工作?儿子说：坚决不做。为什么?儿子说：太累了。十来岁的小孩，本应该喜欢车上天天有新鲜事的生活，儿子却如此坚决地表示，不做这样的工作。可见受的苦不浅。

海拔四五千米，空气稀薄，没有规律，饱一顿饥一顿的生活，风吹日晒，路上的颠簸，对于一个从 5 岁就跟着他的孩子来说，这

珠峰自然保护区的野驴

保护区的金色野牦牛

一切都太残酷了，提起这些，做父亲的普琼又怎能不伤感，不流泪呢！那天，在座的人中，听他讲起儿子，流泪的不止普琼一个。

不过那一段生活也让孩子对野生动物有了感情，对珠峰有了可以吹一吹的资本。哪种野生动物，是几级，几级，儿子现在比普琼分得还清楚。5 岁时，儿子在珠峰大本营照了一张相。如今拿出这张照片，普琼看到的是对孩子深深的内疚，儿子看到的则是与冰川在一起的荣耀。

如果说关于儿子是一个伤心的故事，关于珠峰的“潘得巴”项目，普琼可就有让他得意得不行的故事了。

“潘得巴”是藏语乡村福利员的意思。普琼前两年在美国哈普金森大学公共卫生学院对在珠峰自然保护区开展的“潘得巴”项目和珠峰自然保护区做了一个小时的介绍。当他介绍完珠峰自然保护区的现状和当地人对珠峰自然保护区的保护意识、保护行动后，一个台湾学生对普琼说，你们太了不起了！台湾破坏到已经不能收拾的地步了才知道要保护、必须保护、保护的重要性，而你们住在珠峰脚下的人，在环境还没有遭到严重破坏之前就意识到了要保护，这一点非常了不起。

普琼又是丝毫不掩饰自己感情地说当时我一下子感到，自己干的这个事业太伟大了，自己干得太漂亮了。

她的婚礼没有喜糖

杜其霞 1997 年毕业于西藏农牧学院。她的老家在山西运城。我问她，你翻喜马拉雅山到吉隆县时，看到珠穆朗玛峰了吗？她说坐在东风车上，没看清。后来回家的路上，好好看了看，和想象的不一样。很神秘，但没有那么白雪皑皑。我说："从吉隆县到你们吉隆镇，这一段路不好走，你被堵在路上过吗？"她说"有一次我到日喀则去看病。看完了给山西家里打电话没打通，就回吉隆镇了。没几天我接到家里的电报，上面写着：'父母担心，请速回电。哥。'吉隆镇冬天有四个月无法和外界联系。"

杜其霞爱美，从她填志愿，报考西藏的大学那天起，她就憧憬着西藏蓝天、白云的美。到了吉隆她开始把自己在大学里学到的农业科技、地膜使用教给当地的老乡。开始老乡们无法接受一个外来女孩子说的这一套，依赖传统的耕作方式，说我们祖祖辈辈就是这么过来的。

语言的障碍，爬山的辛苦，没有吓住小杜。当用她的方式种出来的庄稼显出优越性后，农民们自己就找上门来了。

杜其霞不但结了婚，而且已经有了一个两岁的女儿。在山西，由她妈妈带着。一年零两个月了，她没有抱过自己的孩子。孩子一岁多时，家里怕她想孩子，寄过来一盘录像带。我说拿出来看看，她说，不看了，孩子已经长大了，不是那个样子了。我知道，这是借口，她不敢和外人一起看，她太想孩子了。

你们的婚礼是怎么办的，我想找个高兴点的话题，换换杜其霞的心情，没想到，我又问到了她的痛处。

“没怎么办。”

“没怎么办？买了多少喜糖？”

“没买喜糖。”

“一点没买？”

“一点没买。”

“为什么？”

“结婚是你自己的事，用不着和别人说，俩人好就行。”

杜其霞的丈夫也在吉隆，他在林业站工作，离他们俩在吉隆镇安的家还有十几里路。工作忙，一个星期只回家一次。要是赶上进山，这一次可能也保不住。他的老家在河北张家口。每人1200块的工资，从小杜他们到吉隆来，几乎就没准时发过。这钱，除每个月寄给两边的老人和孩子以外，剩下的就要攒着探亲时用。从西藏回一次家，要花多少钱？这辈子如果就扎在吉隆了，杜其霞和丈夫，能为我们中国的交通部门做不小的贡献。

环保局长的优惠

如果说，在西藏工作只有4年的杜其霞还在苦苦寻觅着自己将要在西藏走的路，那么60年代就进藏的西藏环保局局长陈显顺，今天在孜孜以求地寻找着的，是一条如何保护西藏自然生态的路。

曾经当过拉萨市副市长的陈显顺，毕业于重庆建筑工程学院，还没见到他，就有人对我说，拉萨的城市建设，陈局长是有功之臣。1998年，他主持完成的布达拉宫广场规划，设计获全国优秀设计奖。

一个建筑师怎么就变成了一个环境保护工作者？那天，我本要求时时刻刻都无比繁忙的陈局长给我半个小时的时间。可我们分手

马拉山口

时发现，我手表的大针，已经走了整整两圈。陈显顺把自己多年来的所思、所想、所为，给我浓缩成两堂丰富的自然、地理、生态课。这个“小灶”，我吃得极过瘾。

“小灶”是从我的问题开始的。我问陈显顺局长：“在珠峰自然保护区，我们一路走经常看到特别大的鹅卵石，那是造山运动形成的，还是海底过去就有的？”

“应当不是造山运动，是造山运动以后，长期河水的冲刷，形成大的鹅卵石，包括山体，你可以看到很多大的鹅卵石。其实这种山体也是经过多次地质变迁才形成的。有的曾经是海洋，后来变成陆地，又从陆地变成湖泊。再不断地隆起，形成了现在的地质结构，当然也不排除有些大的卵石可能和古代的海洋有关系。”

我们从聂拉木的佩枯错过来以后，很多雪山下面，山坳里全是流沙，好像雪山下面就是沙漠。

“这有两种可能性。一种是，过去的海洋或是河流的河床遗留下来的，它长期冲刷，把石头弄碎，变成沙子，这是一个地质过程。还有就是现代的，近千年来的地质变化，因为西藏离太阳很近，昼夜温差很大，所以岩石风化的速度比内地的岩石风化速度要快得多，经过风化，大块石头变小块的，小块石头再风化就越来越小，越来越细，这是比较近的地质年代形成的。还有一种可能就是，高山风化，由于西藏高原风力很强，吹动大片大片的沙子，有时候可以移动几十公里，甚至上百公里，就堆积到了河谷里或者山谷里，形成了一片一片的沙。我感觉，这种现象最近这些年在增加。”

“西藏生态保护和其他地方比起来有它的特殊性，西藏面积有120多万平方公里。平均海拔高度就在4500米。高寒使得生态非常脆弱，一旦破坏很难恢复。这个特点影响到西藏整个生态保护。从去年到今年我们的调查情况看，西藏的生态由于受全球气候的影响，整个生态状况处于退化状态。直观看：珠峰雪线升高，雪山下面的湿地因为气温升高开始退化了，很多湖泊也开始干枯。因为现在全球大的气候我们还没有力量控制，这些年来西藏的经济在发展，城市人口也在增加，这些都给环境造成了越来越大的压力。在一些资源开采区，还有城市工业造成的污染。生态保护与经济发展之间如何协调发展，矛盾也日渐突出。”

我告诉陈局长，这次在珠峰自然保护区，我非常清楚地看到的野生动物除了藏野驴以外，还有正爬坡觅食的岩羊、藏雪鸡、狼、猞猁和几十种高原猛禽、林鸟和水鸟。听到的故事包括：去年的一天夜晚，一头雪豹吃掉了一位挂职干部拴在树边的一匹矫健的骏马。这个故事是杜其霞讲给我的。

文章该收笔了，让我恋恋不舍的除了我此次珠峰行结识的新老朋友外，还有难以忘怀的马丽华《青藏苍茫》这本书结尾的话："青藏苍茫。让我们举目于那高远的一方，让我们为那高远的一方心怀虔诚和感激。让我们的生命和灵魂由此外化，沐浴在青藏高原的光芒之中，并让那精神之光长存于心。"

原载《中国西藏》2002 年第 3 期

西藏克西村青稞生产习俗

张宗显

克西，是地名，居住着四户人家的意思，即四家村。现在有 32 户人家，189 人，劳动力 90 人。村上住户大多互为亲戚。

青稞，藏语谓之“耐”，有白、黑、蓝、紫、褐等多种，是大麦的一种，籽实没有外壳，所以也称之为裸大麦、米大麦。按芒分为长芒、短芒、钩芒，无芒等几种；按生长期又分为冬青稞、春青稞，以及早熟、中熟、晚熟青稞等。它是青藏高原的主要粮食作物，栽培历史悠久，种植面积大，几乎占西藏粮食作物的一半以上，有些高寒地带甚至达到 80%以上。

备耕与播种

青稞的秸秆名叫“散巴”，质地柔软，是喂养牲畜的好饲料。青稞的播种时间，在西藏山南贡嘎县姐德秀镇克西村一带是藏历三月五日始，断断续续地一直到月底。播种前的准备，头年秋收后，灌

碎土平地（郭阿利摄）

一次水，待稍干后，将地犁一遍，临近冬天时再灌一次水，用一种叫“夏拉”的耙子耙一遍。“夏拉”是方木板钉的长方形木架，其上有两排木齿，齿长四寸。耙地时用马或牦牛为畜力，人站其上。进入冬天后再灌一次水，保墒。到了来年春天，约在藏历年前后，还得用一种叫“妥”的木榔头密密地打一遍。藏历年后上肥，肥是农家肥。克西村人的农家肥，主要是骡、马、驴、猪、狗和鸡的粪便，唯独缺了牛羊粪。牛粪，掺上草拍成饼状，贴在院墙上，晒干后贮藏起来作燃料。牛粪饼晒得多，象征着家里牛多、主人勤快，是会过日子的人家。晒干的牛粪饼，用于烧火做饭取暖。把羊粪晒干后煨暗火，温酥油茶。将牛羊粪灰倒入厕所垫圈，积肥。运肥料时，将肥料装到牛毛袋子里，用毛驴驮到地里，分成堆，用土盖住，便做好了春耕准备。

娱神娱人的春耕仪式

藏历一月二十一日，是个吉祥的日子，农人们都要在这一天举行春耕仪式。我们事前与山南地区乃东县卡朵村村委会取得了联系，这一天赶到这里参加他们村举行的春耕仪式。这天早晨，在村委会公田的地中央摆着藏桌和卡垫，桌前竖有经幡、红旗，经幡和红旗上系有哈达，桌上摆着油炸食品、切玛盒（五谷斗）、青稞酒等献给土地神的供品，供桌前的农田里用松柏枝、小叶杜鹃、糌粑等材料烧起了香烟，藏语谓之“煨桑”。祭祀神佛的烟祭供品，通常谓之“烟供”，也有人谓之焚香的，都是指烟供。若风吹火旺时，要用青稞酒压住明火，让其青烟袅袅，萦绕在田间地头和人心里，沁人心脾。

从寺庙请来的喇嘛坐在桌边的卡垫上不停地诵经，祈求土地神保佑，青的得种，黄的得收。打扮得焕然一新的耕牛和手扶拖拉机已在地头等候多时了，太阳满川时分，村人三两户为一组，组成祝福吉祥的队伍，女人捧着切玛、端着青稞酒碗，男人举着哈达、提着青稞酒壶，前来相互祝贺。他们先给前额上戴有红穗子、颈项上挂有铃铛、打扮得很漂亮的耕牛献上哈达，把哈达拴在二牛抬杠上，还要在牛角和二牛抬杠上点贴上三片酥油花，以示吉祥。然后给耕牛敬青稞酒，抓住牛鼻圈往上一提，牛嘴就张开了，往牛嘴里灌进三碗青稞酒。喝惯了青稞酒的牛，舌头伸得老长，摇头晃脑地等着要尝遍村上各家的美酒。每家每户的代表都要给牛敬酒。这天是耕牛的节日，大家都来给耕牛敬酒，图个吉利。

春播（张鹰摄）

没有耕牛的人家，开来了手扶拖拉机。它虽不喝酒，但礼数是不能少的，给它献上一条哈达，往前面的横梁上点上三片酥油花，然后才轮到给耕牛和手扶拖拉机的主人敬酒。先请主人吃祝福吉祥的切玛。切玛，汉语称作五谷斗，亦称吉祥盒。每当节庆藏家人必备之吉祥物，它象征主人家庭幸福、祥和、富裕、安宁等多种意义。切玛盒的左边盛有糌粑，右边盛有炒小麦，其上插有五彩青稞穗等。每家的女主人献上切玛时，被敬之人从切玛盒里捏取一撮糌粑向空中挥撒三下，再取一两粒炒小麦放进嘴里，说一声“扎西德勒”，祝福对方。这时男主人还要向祝福他的人回献上一条哈达，也祝福他。

最后敬青稞酒，青稞酒盛在陶壶里，壶沿和壶嘴上均贴有酥油花，壶颈上系有哈达，碗沿上也贴有三片酥油花，酥油花和哈达都是吉祥的象征。每逢此时，可以用敬酒人的专用银碗，也可用自己怀里揣的碗，悉听尊便。但三口一杯的规矩不能少，能喝的人三口一杯，即先吸饮一口，添满，再喝，再添，第三次添满后，一饮而尽，谓之三口一杯。不能喝酒的人也要用右手无名指蘸点酒向空中挥洒三下，然后用右手食指蘸点酒抿一下，以示喝过了。喝到尽兴处，牛醉人兴奋，田间地头人声鼎沸，于是男人们扬鞭高呼一声开犁，将犁轻轻地从田里划过，女人们在后面撒种，以示开犁了。众人一起将公田种完，男女面对面各站一排。女人用八齿耙耙地，边耙边退，男人们用铁锹平地，边平边进。然后掉头返回，再来一遍，即种好了。然后聚集到一起，以桑烟火堆为中心，男女各半围成一圈，跳圆圈舞，藏语谓之“果谐”。

跳舞时，男唱女和，女唱男随，此起彼伏，其乐融融。舞着唱着，不时地有人还前来敬酒助兴。男人们非常潇洒地从怀中掏出碗来承接，待敬酒人斟满后，或一饮而尽，或表示一下，情到意随，豪爽之至。没带碗的人则用右手手心接了喝，众人就这样喝之舞之，尽兴而归。

点播青稞种福运

克西村人从藏历三月五日开始播种青稞，断断续续地要持续到月底。青稞地的占地面积要占这里农作物面积的一半以上。春耕时，首先种的是青稞。轮到谁家种地，谁家就是主人，主人要给前来帮

点种青稞（郭阿利摄）

忙的人提供食物和牲畜的饲料。前来帮忙的人主要是亲戚和关系要好的邻居。来帮忙的人自带工具，只管干活，主人管吃管喝。在地里干活的人要在地头吃两顿饭，喝几道茶。每干个把小时就要歇一会儿，休息时在地头上围成一圈，席地而坐。喝清茶或青稞酒解渴，酥油茶不解渴，只是在主餐时才与糌粑一起享用。主餐是用酥油和甜奶渣抓好的糌粑，酥油茶、猪肉炖粉条土豆的汤菜。扶犁的人最辛苦，独自享用着主人为他准备的风干羊前腿。吃法颇为别致，将风干羊肉放在腿上，用刀子一片一片削来吃，不时地呷口青稞酒。人吃饭时牛也要吃东西，把青稞面掺到青稞酒糟里捏成碗大的坨，塞到牛嘴里，喂上好几坨，让它慢慢地享用。劳动间歇，人喝茶或青稞酒，给牛喂青稞秸秆。

播种青稞，采用的是传统的点播方法。点播青稞，有两样专用工具，即搅棍和氆氇袋。搅棍，长约一尺，宽 5 厘米，是把一块木板削成双刃刀样的按在一个五寸长的木柄上的木质工具，藏语叫“搅播”。氆氇袋，藏语叫“搅贝”，是用羊毛织成的小口袋，本色为主，间或有杂色，长 27 厘米，宽 19 厘米，有带，内装青稞种子，使用时把带子拴在腰上，氆氇袋便垂吊在腹部。点播青稞时，右手点穴，左手从袋里抓一把青稞，向洞穴内撒几粒青稞进去。抓一把能撒到 60 次上下，每次撒七八粒认为较合适，这种种法，谓之点播。早上，主人把青稞种子拿到地里以后，打开袋子，从地里捡一块白石或土块放到青稞袋子里，藏语谓之“酸朵”，意为种子石。用青稞把种子石埋住，不能让人看见。下午回家时，趁人不注意的时候将它埋进地里，认为福运已是自己的了。埋的时间不能太晚，也不能让天上的星星照见。否则，福运就会消失掉。

逗趣与偷酒

每年第一天开犁时，有招运纳吉的逗趣活动。四个男人用锹把地里的肥堆摊开时，扬一锹，往前打一个滚，戏闹一番，逗得众人开怀大笑。爱开玩笑的人还不时地丢个土块什么的挑逗别人，如果对方不甘示弱，便上前迎战，双方便摔起跤来，赢了的人认为今年的运气会好于对方，对之讥笑一番，很是得意地吹着口哨，挥鞭开犁，两头牦牛拉犁，即二牛抬杠。其他人也随着干起活来，他们迈着优雅的步子，唱着悠扬的劳动歌，挥舞着木榔头抚平犁沟。他们潇洒自如的样子，不由得让人心生疑问：是在娱乐？是在劳动。是在劳动？是在娱乐。男人们唱着舞着，笑着闹着，干到地头的时候，六位妇女已站成一排，开始点播青稞，她们也是说着笑着，不时地戏闹成一片，全无劳累的样子，令人叹为观止。

青稞，除了点播，还有点、撒混合的播法。在点播前，犁地的时候，在犁沟里撒一遍种子，待犁过整平土地以后，又在上面点播一遍，目的是多打些粮食。点播完后，就算种好了，不打土块，也不耙，茶碗大的干土块满目皆是。问其缘由，答之曰：人少地多，够吃就行。这样点播的青稞出苗后呈束状、耐旱，且能防风，产量也高。秋收时，一束一把，很好拔。

克西村人在播种自家的好地时有一种偷酒的习俗。春播时节，家家备有上好的青稞酒。他们的地有优劣之分，轮到种好地时，情绪高涨的年轻人需要刺激一番，以示庆祝。就去偷别人家的酒喝。若偷到了，拿到地里大家一起享用，说明运气好，把别人家的福气偷来了，喜不自禁。也有偷酒不成功的时候，若对方早有防备，捉住偷酒人，用糌粑和青稞酒糟把偷酒人浑身上下及头上抹个遍，然后猛灌青稞酒，让他喝个够。等折腾够了，送给他一壶好酒，让其背回去与地里干活的人同乐。

青稞出苗后，在地边立一摞带草的土坯，告示这块地已出苗了，人不能踩，畜不得吃。

进入夏季后，妇女下地干活，不能光着上身，必须戴头巾，否则要下冰雹。

望果节后再收割

藏历八月十五日以后进入青稞收获季节。

进入收获季节，克西村人要过一个预祝丰收的传统节日，藏语谓之“望果节”。“望”，藏语意为“田地”“果”意为“转圈”“望果”意为“转田埂”。望果节无确定的日期，根据各村青稞成熟的时间确定。收割青稞的前几天择吉日举行，历时三天。届时，村里村外山清水秀，遥望田间丰收在望，男女老幼身着节日盛装，庆祝一年中

牲畜踩场（张鹰摄）

最让人开心的日子。第一天，每家派一人，到附近的寺院请出佛像和经书，背上经书，手持彩旗，抬着佛像和用哈达扎成的青稞穗丰收塔，到丰收在望的青稞地头绕行，喻意神佛与人同乐，感谢神佛保佑，一年中风调雨顺，青的得种，黄的得收。还有一层含意，即再隔两天就要收割了，请神佛保佑，让我们顺利收割完毕，颗粒归仓。当转田埂的队伍经过田间供土地神的杰康时，都往上面插经幡，煨桑，祭土地神；第二天，在村中举行赛马活动；第三天，亲朋好友一起聚会，喝酒、唱歌、跳舞；第四天，将佛像和经书送还寺院。这里值得一提的是，在西藏民主改革中，获得新生的农民抬着青稞穗扎成的丰收塔，举着毛主席像过这一传统节日，掩饰不住内心的喜悦，这一幸福的时刻在 1959 年的那个秋收季节被定格，载入史册，已成为永久的纪念。

克西村人收割青稞，不用镰刀，用手拔，连根拔起。搬运，过去主要靠人背驴驮，现在驮驴和手扶拖拉机并用。

扬场（张鹰摄）

青稞上场后，过去赶上一群毛驴或牦牛往上面踩，谓之踩场。踩场时还要用连枷打，现在多用碌碡。马拉碌碡碾场时，还要用连枷打几遍，翻场，再碾，再打几遍，用八齿耙、双齿木杈、推板等工具起场。起场后，在场边插一经幡，根据经幡飘动的方向，判断风向，用四齿木杈扬场，拉萨市附近的农村有用木锹扬场，将青稞和碎草分离，然后用筛子和簸箕收拾干净，装到牛毛袋里，用毛驴

筛青稞（郭阿利摄）

驮运回家，收藏完备。打场，在西藏农区多以牦牛和毛驴踩场的办法完成，日喀则地区不仅用牛来踩场，而且还有很好听的踩场歌谣：

踩青稞是牛的缘分，
劳动时候不要懒惰；
你的蹄子是铁蹄子，
望现在踩马上就踩。
达娃东杰母牛，
派你踩踏禾穗；
如若不去踩踏，
还回我的饲料。

拉萨市林周县农村也有踩场习俗。过去，每到秋季，那曲地区的牧民用牦牛驮着盐巴前往农区交换粮食和日常生活用品，牦牛驮队来到农区的时间正是秋收打场的时节。驮盐人一边放牧，一边等待青稞上场。青稞上场后需要踩场，农民就雇用牧民的牦牛踩场。打出新粮食后，就与牧民交换各自所需的生活必需品。农民用青稞交换牧民的盐巴和酥油，牧民则兴高采烈地用牦牛驮上交换来的青稞北上那曲，返回他们的老家。

收藏・磨糌粑

收藏青稞有专门的仓库，过去一般在仓库的一角用土坯砌成长方形的粮仓，专门放青稞。现在仍在用，但更多的人用牛毛口袋和塑料编织袋装青稞，码在墙边。家庭经济条件好一些的人家，逛物资交流会时，从市场上买来用柳条编的圆形粮囤，有盖，用来存放青稞，隔潮，防霉。此物产于雅鲁藏布江北岸的吕果乡，还有背斗。背斗分有皮的和无皮的两种，有皮的用于干农活，无皮的白净，则用于祭山神、水神和村上有喜庆活动时背祭品和青稞酒等礼物。背时，将背带从头上套下，拉至两肩以下，因肩上有神，是不能碰的。

青稞打下来以后，一要磨糌粑，二要做青稞酒，这是克西村人的生活必需品。磨糌粑讲究季节，一般情况下一年要磨两次糌粑，藏历七月和来年二月各磨一次。村里人认为这两个月磨的糌粑味香好吃，尤其是藏历七月磨的糌粑之好，非其他时间的糌粑能比。磨糌粑前，先将青稞炒一遍，然后到水磨上磨。村上有一间供村人炒青稞用的公房，公房只有一间，坐东朝西，三面环墙，一面敞着，北墙下有一排土坯砌的简易锅灶，一个火门连着五个锅眼。炒青稞时，用荆棘作燃料，火硬。将五个炒锅依次放在五个火眼上，里面装上沙子，待锅中的沙子烧热后倒入青稞少许，然后用一把活动木柄上的卡口卡住锅沿，上下翻动，从外往里依次变换炒锅的位置，待青稞粒一一爆裂后倒入铁筛中，筛出沙子，留下青稞。炒好的青稞要拿到水磨上磨过，磨出来的就是糌粑。磨好的糌粑装在牛毛口袋里，敞着口放在家中的仓库里。从仓库里取一些糌粑盛放到糌粑盒里。糌粑盒为木质，铜箍，桶状，有盖，平时就放在厨房中央的柱子根边的桌子上，随用随取。

食用时，将糌粑盛于木碗中，倒点酥油茶或清茶抓成坨，谓之粑，即可食。吃糌粑时，一般要用酥油茶或清茶呷着吃。不过，通常情况下，人们习惯于先喝茶，喝着茶聊天，喝足了聊够了，就往糌粑碗里倒点茶抓两下捏成坨一吃就得。富裕人家，顿顿吃糌粑时还要往里放酥油、甜茶奶渣和白糖什么的，很是讲究。

若吃糌粑的人多或出门在外时，用一种小皮袋里盛上糌粑，倒入茶水进去，捏住口子搓揉几下即可食用，藏语谓之“汤古”。不论是外出干活，放牧，还是旅行，都要用它盛装糌粑和抓糌粑，很是方便，备受出门人的青睐。

糌粑，不仅是克西村人的生活必需品，而且还是信仰用品之一。在过去，家中每有喜庆之事，要在大门口用糌粑绘制吉祥图案，以示吉庆。家人过世，发丧之日，也要用糌粑为亡人撒两条引魂路引，路引从大门两侧撒起，两条糌粑线内为一条通道，一直通向马路，以防亡魂迷路，限定它必须在此线内跟随天葬师顺利抵达天葬台，而后从那里进入天国。用糌粑绘图撒路引的确奢侈了一些，民风若此，不得已而为之。自从白灰问世以后，就用白灰替代了糌粑。

克西村人每逢藏历年时喜欢用青稞面粉在厨房的墙壁上点出许多吉祥图案或白色粉点，以表吉祥。黑墙白图，格外醒目，使长年烟熏火燎过的厨房焕然一新。

酿制青稞酒

用青稞酿成的酒，就是我们所知道的青稞酒，藏语谓之“羌”，酒精度约与啤酒相同，是克西村人不可或缺的日常饮料。这里的人与西藏其他地方的人一样酷爱青稞酒，婚丧嫁娶及节庆时更是如此。平常时节，如一个人自己喝，倒入碗中自斟自饮，无须讲究。若是敬客，则大有讲究，碗用银碗，壶用陶壶或银壶，碗沿上贴酥油三片，壶嘴和壶沿也贴有酥油花，以示吉祥。如无酥油，贴一撮糌粑，其意义与酥油相同。主人向客人第一次敬酒时，客人端起酒碗，一定要用右手无名指蘸酒向空中弹指三次，一般认为这是敬天、敬地、敬人，已约定俗成。此番仪式后，方能饮酒。若能豪饮者，则按规矩，三口一杯。若不能饮，表示一下即可。否则，被视为不礼貌。

妇女产后，家人要往青稞酒里放上酥油和红糖，用小火烧热后让其饮之，以为大补。西藏民间普遍认为青稞是神的谷物，克西村人在姑娘出嫁上马和下马时，在大门前都要置一桌，在桌子中央用青稞撒一吉祥图案，用哈达将图案盖住，又在哈达上面放一袋青稞，家人背新娘出门后让其站在桌顶的青稞袋上，然后由男方娶亲人接走。新人到男方门上，又将其背到男方家门口的青稞袋上，待女方送亲人的歌声唱开男方家里。亲朋好友送给新人的礼物中有一样必不可少的东西，便是一袋青稞。娘家人也用相当数量的青稞作陪嫁，虽然都是青稞，但娘家送的青稞比亲朋好友的礼物要多一个内容，它是新人的父母作为孩子财产的一部分从家里分割给孩子的，结婚成家，也算是父母安置了孩子，男女不论。因为这里女子出嫁，男子也同女子一样可以出嫁，所以男女不论。

青稞和青稞做成的糌粑及青稞酒贯穿克西村人生产、生活的方方面面，凡岁时节庆、婚丧嫁娶、新居落成、乔迁之喜、祈祷神灵的活动中都少不了它。关于青稞，克西村人有道不尽的话题。相传，远古的时候，藏族的祖先猕猴与岩魔女按佛祖的指点在雅隆贡布日山上结为夫妻，他们的后代因林中果实枯竭，生活得很凄惨。此番景象，惊动了上苍，观世音菩萨不忍目睹，奏请佛祖恩准。佛祖下旨后，观世音菩萨从须弥山取出天生的五谷种子撒向人间。观世音菩萨撒向人间的种子落在了雅隆河谷泽当地方的一个叫撒拉的村子里，长出了青稞，有了粮食，猕猴和岩魔女的后代才摆脱了林中果实枯竭的困境，一直繁衍了下来。那块青稞地就是山南地区泽当镇的撒拉村。它是西藏的第一块青稞地。

原载《中国西藏》2003 年第 6 期

藏东第一民居

张建世

1997 年我到昌都左贡县时，第一次听人说起东坝乡。那是一个远在怒江边的地方，非常偏僻，但老百姓却十分富裕。盛产核桃、葡萄、梨等，听起来就像世外桃源一样，令人神往。

2002 年 6 月我参加茶马古道考察团到昌都后，就留在了昌都，继续做福特基金的一个社会调查的课题，这使我有机会专程去一趟东坝乡。

6 月下旬的一天，我和土呷一道再次来到了左贡，当晚住宿在县政府招待所。第二天吃过早饭后，驱车直奔东坝。汽车离开县城，沿玉曲河谷而上。河谷开阔，两岸的青稞地和草山一片碧绿，山上不时还可见片片树林。大约两个小时后，汽车拐向了通往东坝的乡村公路。开始植被还好，翻过山口后，汽车蜿蜒而下，植被也越来越差，最后是一座座光秃秃的、几乎寸草不生的大山。同行的东坝乡书记告诉我，已经来到怒江河谷，离东坝不远了。

白玛拉措在自己家高大富丽的楼房门前留影

原来，怒江河谷属于热带气候，降水十分稀少，植物难以生长，到处都是这种光头山。他们从乡上到最远的村庄要翻几座大山，走一天路，山上既无水又无树木，夏天被太阳晒得连遮阴的地方都找不到。以前这里不通公路，1991 年在政府的支持下，才修通了这条乡村路。但是这里的汽车很少，绝大多数农民外出仍是骑马或步行。现在乡上不通电话，当然手机也是打不通的。

谈话间，汽车拐过一道山弯。突然，眼前一亮，只见在群山环抱间有一片绿色台地，奔腾的怒江在边上流淌。这就是东坝乡政府所在地军拥村。村内树木繁茂，郁郁葱葱，与周围的光头山形成了鲜明的对比。远远望去，一座座藏式建筑掩映在绿树丛中，十分美丽。进得村来，只见溪水涓涓，农田片片，有几个男人在闲聊，田间除草的几个妇女也不慌不忙，一派悠然自得的景象。

东坝乡书记把我们安排在白玛拉措家居住。走进白玛拉措家里，来到二楼客厅的时候，不禁大吃一惊。客厅高大宽敞，雕梁画栋，完全出乎我的想象。门窗墙柱上雕刻、彩绘了花草等各种纹饰。雕工精细，色彩鲜艳，富丽堂皇。同行的昌都地方志总编土呷也赞不绝口，开玩笑说："我到过西藏很多地方，也没见过这么好的农民住房，简直像宫殿一样，可以称之为西藏第一民居。"虽然是玩笑，但作为昌都本地人的土呷在昌都还没看见比这更好的农民住房却一点不假，将其称为"藏东第一民居"应该当之无愧。

在白玛拉措家居住的日子里，我不禁对其住房产生了兴趣。曾用脚步丈量住房的面积，但还是不过瘾。最后向女主人借来了皮尺，与土呷一起丈量。白玛拉措家的房屋以一栋长方形、高大的三层楼房为主体建筑。每层高四五米，长约 30 米，宽约 25 米，每层面积约 700 平方米。底层堆杂物、农具等。二层正中为长方形天井，天井四周为走廊，走廊四周有九间大小不等的房屋，其中客厅约 80 平方米，厨房约 50 平方米，是日常活动最多的地方。此外还有经堂、卧室、仓库等七间房屋。三层的前半部分是平台（二楼的房顶），后部已有柱子和房顶，准备修建房屋，但离完工尚远。主体建筑外有院墙，墙内有院坝、马厩、堆庄稼的小房，与其他人家不同的是还有村内唯一的一个小商店。总的占地面积大大超过了 1000 平方米。

这种住房在城里人看起来，也许算不了什么。但这是在如此偏僻的山村的农民住房，而且全村的住房都好，形成了一种风格。这不能不说是一个奇迹。

当我们对东坝有了更深的了解后，就不由自主地发出由衷的赞叹了。这里是一个偏僻的地方，几乎与世隔绝。要翻几座大山，走几十里路，才能到最近的左贡县其他乡的村庄，到县城或昌都就更远了。虽然村内自然条件不错，但很早以来土地就十分有限，现在只有人均 0.7 亩，仅够基本生存。周围的大山却是那么贫瘠，没有树木，连草都非常稀少。不可能像其他山里人那样靠山吃山，连修房子所用的木材都要到远地购买。然而，这里却有着如此高大的房屋。

也许它与当地闯荡社会的传统有关。当地习惯，男人如果不是因缺劳动力必须留在家里的话，不出去闯荡会被人认为无能。所以村里有相当数量的男人在外经商、打工、跑运输、做手艺挣钱。正是这些外出人员挣回的钱，购买了价值不菲的木材等建筑材料，修建了如此高大的房屋。人们也深知在外闯荡社会需要本领，所以特别重视教育，都主动送孩子上学。还有不少人家出高价将孩子送到左贡、昌都、拉萨读小学、读中学。考到天津、南昌的西藏中学的学生也不是一两个。白玛拉措有7个儿女，2个在拉萨读中学，1个在天津读西藏

三层楼房

中学，4个在昌都读小学，足见其对子女教育的重视。这种情况在城市、在郊区农村毫不奇怪，但在边远的民族地区确实罕见。须知，这是需要大笔经费的啊！

这是一个具有活力的村庄。人们都努力向外发展，努力挣钱。尽管如此，修建如此高大、富丽的房子也不是容易的事。村内房屋的修建并非一次完工。家庭富裕的人家要先准备两三年，有的准备三五年七八年，甚至十多年。主要是准备木材等原料。建房一般是一年，也有的两年完成。建房时筑墙等简单的活主要是村里人互相帮忙，木工、画工，特别是雕刻等精细的、技术要求高的木工和彩绘等画工，须支付工钱。建房一般只需完成最基本的部分，如墙、房顶、柱子、门窗、地板及有关部分的雕刻等不完成以后就很难再做的部分。其余的内装修，有的经济实力不足的人家甚至还有部分的隔墙，都留下了。住进新房后，根据经济条件，慢慢地装修完善。村内有个别人家，新房已住了十多年，由于后续经济不足，都还未装修、彩绘。即使是村内最富裕的人家之一的白玛拉措家的房屋，二楼许多柱子也没有彩绘，三楼仅有最基本的柱子和房顶，不知道还要几年才能完工。从材料的准备到房屋的修建和后续的内装修，真是集中了一家人多年的人力、财力和物力。

当地的房子很大，已大大超过了居住的需要。最典型的是白玛拉措家。4个男人，两个长期在外经商，一个一年中有几个月外出放牧。未婚的7个子女均在外地读书。连老母亲也到昌都照顾读书的孙子孙女去了。平时只有白玛拉措和她的一个丈夫在家，偌大的房屋空空荡荡。即使全家人都回来，这么大的房屋也超过了实际需要的几倍。实际上，村内其他许多人家房屋的面积都大大超过了实际的需要，只是程度不同而已。

人们为什么会花这么多钱，甚至超过自己的经济实力修建超出实际需要的房屋呢？原来，在当地人的心目中，房屋不仅是为了实用，居住舒服，还是财富的象征，体现了家庭的实力和无形的社会地位。用当地人的话说就是“房子盖小了没面子”。现在有的人在外经商，走的地方多了，也觉得没有必要盖这么大的房子，实用性不大，但回到村里真正盖房子时，又感到盖小了面子上过不去，仍是盖大房子。在这里，住所不只是满足居住的需要，还具有文化的意义，它凝聚了人们的情感，体现了一种价值取向。

这时，我不禁想到城里的姑娘们，为了美丽、时髦，或时下流行的词语“酷”，不惜上百、上千，甚至几千元去购买一件时装。如果仅仅是为了御寒、蔽体，又何须购买这么贵的衣服呢？

这就是文化，东坝的人们看重住房，城里的姑娘看重时装。

原载《中国西藏》2004 年第 1 期

林芝的真人真事

周元红

真巴村，山美水美人更美

林芝镇真巴村地处318国道沿线，全村39户175人，劳动力73人，素有“核桃村”之称。几年以前的真巴村，房屋简陋，通全村的一条土路，每逢雨季便泥泞不堪。村中百姓经济收入低，思想观念不解放，年年守着满树个大皮薄的核桃却苦无致富之路。近年随着西藏社会经济的发展，真巴村村民的精神面貌发生了很大变化，如今的真巴村变成了环境优美、人人崇尚科学文明、经济不断进步的社会主义新农村。

真巴村由穷变富了，新建了漂亮的村公房和环村水泥路，安上了自来水、电话，实现了“六通”，即通路、通电、通广播、通电视、通电话、通自来水，广播电视覆盖率达100%，全村拥有电视机38台，电话30部。适龄儿童入学率达100%，巩固率达100%，已基本扫除了青壮年文盲。村里安装了调频广播，修建了

从色季拉山垭口观南迦巴瓦峰（噶哇扎西摄）

文化室，图书室收藏了500册以上图书，并配备了电视、音响、VCD等娱乐设施，实施了农村电影放映“2131”工程，每月都能放映一两场精彩的影片。

真巴村近几年大兴旅游开发，实施无烟产业。就说柳树山庄，集休闲、娱乐、避暑、餐饮为一体，自2001年5月营业以来，门庭若市，游客不断，年收入达万元。真巴村调整了粮食、经济、饲料作物的种植比例，大力发展庭院经济，种植经济林木，饲养现代人喜食的藏鸡藏猪，开展劳务输出……2003年，全村经济总收入近60万元，人均纯收入近2000元。

农牧业实用技术在真巴村得到了进一步推广。近年来，村里共举办各类农技培训12次，参加群众达500余人次，内容包括果树嫁接、修剪，玉米栽培和管理，温室大棚搭建技术，农作物病虫害防治，牲畜常见病防治等。

如今真巴村科学种田、养殖户越来越多了，而封建迷信、陈规

林芝鲁朗雪景（朱培云摄）

陋习的东西却越来越少了。去年真巴村评选出 23 户五好家庭、21 户星级文明户。

真巴村群众的生态环保意识进一步提升。他们不仅扩大了本村苹果、桃子、核桃等经济林木的种植面积，还在家中种上了各色各样的花木，修建了简易厕所，修筑了石围墙，实现了人畜饮水分开，住房、棚圈分开。

如今的真巴村，树更绿了，草更青了，花更美了，群众的精神

面貌也是焕然一新。

巴结村的主任米玛

春日的巴结，油菜飘香，绿树环绕，新楼林立，水泥道路平坦整洁，微风中时时传来孩子们琅琅的读书声、大小汽车的喇叭声，还有那悦耳动听的手机铃声……这就是林芝地区有名的“汽车村”“电话村”“手机村”，即林芝县的巴结村。

尼洋风光

尼洋河中的巨石——中流砥柱

八一镇巴结村有农牧民 65 户 282 人。2003 年，该村经济总收入超过 238 万元，人均收入达到 5000 元以上，现金收入为 3020.62 元；那年仅运输收入就达 100 多万元。如今全村共有电视机 64 台、录像机 12 台、冰箱 35 台、电话机 45 部、手机 46 部。早在 1999 年巴结村就已经实现了“六通”，改水改厕达到了 100%。村中适龄儿童入学率、巩固率、升学率均达 100%；合作医疗覆盖率达 85%。那年，巴结村被列为西藏自治区小康示范村之一。贫穷落后的巴结村之所以能很快走上富裕之路，就要先说说带领群众致富奔小康的领头雁——村委会主任米玛。

当年，刚从部队退伍回家的米玛认准了一条，要让自己的家乡吹进现代的新风，跟上国家发展步伐。他们严格按照“五个好”的要求，并推举了一批政策水平较高、脑筋活、能力强的青年农牧民作为村里各行各业的带头人，同时让富裕户现身说法，逐步消除了群众对饲养牲畜的惜杀惜售的陈旧观念，真正做到了饲养产业化，等、靠、要的依赖思想也有了很大的转变。群众有了经济头脑，市场意识不断增强。

绿水白浪的尼洋河

尼洋河风光（子疯摄）

结合实际，理清发展思路

群众的思想观念在转变，但如何才能寻找一条适合巴结村发展的最佳道路呢？米玛他们到处取经学习，潜心摸索，一条条致富的思路随之形成。首先，米玛一班人瞄准了巴结村交通便捷这一大优势，大力发展汽车运输业。他们提出了“服务城市、致富群众”的口号，一是建起了八一镇第一家规模较大的村办企业——巴结村水泥预制厂。目前，该水泥预制厂年收入 52 万元，上缴利税 2 万元；二是大力发展城郊种养业。巴结村建成了占地 320 多亩的蔬菜大棚基地，其中现代化的绿色环保无公害喷灌温室 100 亩。目前，该蔬菜基地年产几十万斤新鲜蔬菜，为农户增收 20 多万元；大力发展庭院经济，为城市提供时鲜水果。巴结村的牛羊肉、牛奶和乳制品等畜牧产品的销量较好，藏猪、藏鸡养殖业也已初具规模；三是努力打造生态旅游精品。巴结村紧紧抓住世界“柏树王”园林景区的独特优势，积极发展旅游业，开设了 40 户家庭旅馆，办起了农家乐；开办了民族手工作坊和 4 家百货商店，做起了旅游纪念品生意。下一步他们打算建成具有工布民族特色的民俗文化村。为此，村里加大了绿化力度，种植各种经济林木和其他林木上千株。

鲁朗国家旅游小镇酒店（噶哇扎西摄）

鲁朗小镇一角（噶哇扎西摄）

林芝帮仲村村民尼玛（右二）和妻子白玛曲吉、女儿措姆、儿子白玛顿珠在自己家安居房的阳台上合影。（费茂华摄）

学习已成为主流

以米玛为首的村委会经常组织村民学习国家的农村政策，开展扎实有效的民主法制教育，村民的发展观念增强了，村里治安有较大的改善。米玛带领村民广开财路，四处化缘，集资十多万元，投工投劳200多人次，建起了一座漂亮的小学，解决了巴结村适龄儿童上学远的问题。

巴结村村民还掀起了一股学文化、学知识、学技术的热潮，在去年林芝县农牧局开展的农牧业实用技术培训中，巴结村85%以上的村民参加了农技培训，大家都尝到了甜头。在米玛

鲁朗林海

的努力下，巴结村实现了“户户通”广播电视，修建了村文化室，并配备了电视机、录像机，购买了大量的科技读物，还建起了一座敬老院。

如今，村民们自觉破除陈规陋习，养成了良好的卫生习惯，家庭更加和睦，邻里更加团结，村里实现了人畜饮水分开，住房与棚圈分开，修建了厕所，种上了各色花草。

米玛是一个富于爱心、乐于助人的人，多年来，他先后拿出自己的十几万元为集体和村民办好事。巴结村在米玛的带领下，从一个贫穷落后的小村庄走上了奔小康之路。2000 年，米玛曾获得“全国劳动模范”的荣誉称号。人们都说，在米玛啦的带领下，巴结村的明天将更加美好！

原载《中国西藏》2004 年第 6 期

家乡的变迁
——关于伦珠村的点滴记录

尼玛

我的家乡伦珠村随着西藏自治区成立 40 周年，也经历了 40 年的巨大变迁，但是到今天，还没有人对她的成长历程做过文字上的记录和描述，把她成长的喜悦讲给外人听，这实在是一件颇为遗憾的事情。当思绪每每回到那个小村庄，我都忍不住想要承担这个记录的任务，有些兴奋，也有些犹豫。兴奋的是我基本上亲历了家乡近 40 年的发展，感受到了 40 年来故乡发生的种种变迁，把它用自己朴拙的文笔记下来，应该算是对生养自己的这片土地的一种回报，犹豫的是自己实在没有足够的信心和能力把这个任务完成得很出色。犹豫之余，我还是决定把这许多年来有关伦珠村的所见所闻真实地记录下来，作为伦珠村 40 年巨变的点滴记录，奉献给读者，也奉献给伦珠村人。

从矮小的土坯房到高大的砖瓦房

在我 10 岁的时候，伦珠村只有十几户人家，松松散散地分布在村庄的各个角落。那时的房屋全都是矮小的土坯房，每家的面积都很小，格局也差不多，一间狭小的厨房、一间昏暗的储藏室外没有别的房间。一家十几口挤在这两间小屋内，挤不下的就睡在厨房外面的一个类似阳台的地方。躺在那儿，可望见深邃的天空中点点繁星，在有风雨的夜晚却只有把全身蜷缩在被子里，任风雨肆虐。那时村中最好的房屋是一栋民主改革前当地贵族家的一幢两层楼的庄园。庄园的面积很大，结构也颇讲究，有木制的楼梯、洋气的回廊、明亮的阳台、宽敞的会客厅，屋内的土墙壁也被打磨得非常光滑，并绘有各种色彩鲜艳的图案。而庄园周围却是一间间低矮、昏暗的

热火朝天的建房现场

这是第三代砖瓦房

“屋子”，与庄园形成了巨大反差。民改后，这座庄园分给了几户人家。我们十分羡慕他们，经常与小朋友一起跑到庄园内玩耍，不厌其烦地在庄园的楼梯上跑上跑下，在回廊内互相追逐，在光滑的地面上打滚嬉戏，那时多么希望自家也有这样宽敞、漂亮的房子。

近十几二十年，在中央政府的大好政策下，村中外出打工的人日益增多，钱袋子也就越来越鼓，盖新房成了伦珠村人的头等大事。在不到 5 年的时间内，绝大多数人家盖起了新房，盖房人嘹亮的歌声和铿锵有力的劳动号子，在村庄的每一个角落不断地响起。虽然仍是土房，面积却比原先大了许多倍，厨房、客房、经堂、储藏间等一应俱全，低矮、昏暗的小屋退出了历史的舞台。而伦珠村人并不满足于这些，那些在拉萨打工的年轻人发现，土房在拉萨已经鲜见，取代它的是一座座用石头筑起的二层小楼，于是他们的目标又指向了砖瓦小楼。就在这两年，第二代房屋又在欢快的劳动歌声中轰然倒塌，一座座不亚于城市居民退休楼的二层小楼，在伦珠村越来越多。铝合金窗户、雕龙画凤的柱子、宽敞亮堂的阳台，伦珠村人祖辈梦寐以求的气派的房屋已经随处可见。现在，对村里的那座庄园，伦珠村人已经看不上了，住在里面的好几户人家都搬出了庄园，用自己勤劳的双手在开阔的土地上，盖起了比庄园还要漂亮的房子。我们儿时做梦都想住进去的庄园，现在却孑然地立在村中央，慨叹这地覆天翻的变化。

从节衣缩食到丰足的生活

在我上小学的时候，伦珠村人的日子仍很清贫，穿衣吃饭的问题还没有得到很好的解决。记得学校放寒假的一天，我跟着哥哥到村头的蓄水湖去溜冰，天很冷。但在冰上玩耍的小朋友却异常地多。哥哥和大一些的孩子在湖中较量溜冰的技巧，我和一些同龄的孩子则在湖边砸冰洞。在我们砸的冰洞越来越大，劲头越来越足的时候，我一不小心掉进了自己砸的冰洞中，一时间，所有的孩子都惊呆了。这时，哥哥大声喊着我的名字，决然跳进刺骨的冰河中，奋力地把我拖出了冰洞。我得救了，而我的衣裤已全部湿透，连怕带冻，身体已经不能动弹。哥哥就抱着我飞快跑回了家，慌张地在每间房子找衣服，但是，最终一件像样的衣服也没有找出来。于是，他灵机一动，把我抱到储藏草料的小屋内，把我深埋在干草中，只露出头。不一会儿，我的身体渐渐恢复了热量，而衣服却仍没有干，于是我就在干草中度过了几个小时，直到衣服干透后才走出来，又向湖边跑去。这是我记得最清楚的一件童年往事，也是我对那艰苦岁月的一段深刻而鲜活的记忆。而那时在过年过节前夕，到条件较好的人家借衣服、鞋、衬衣的现象在全村是十分普遍的。

记得有一次“六一”儿童节，学校要求每个学生统一穿白衬衣、蓝裤子和白球鞋，而我却只有一套自认为很漂亮的灰白衣裤。为了达到学校的要求，满足我的自尊心，母亲跑遍了各家后勉强地为我凑齐了一套符合要求的“行头”，不足的是鞋子实在太大了，在“六一”那天和着洪亮的《少年先锋队队歌》走队列的时候，我的脚步就明显比其他孩子慌乱和踉跄。

那时的粮食也总是不够一家人吃，到夏天，家家户户的粮仓相继告急。大人们不时走进储藏室掂量糌粑口袋的动作和无奈的神情，让我们颇感悲哀。于是，去乡政府的路上就出现了赶着几十头毛驴的大人们组成的浩浩荡荡的领救济粮的队伍。而我们这些孩子却忙于在月黑风高的夜晚，蹑手蹑脚地跑进种着元根和萝卜的地里，摘取足够的“零食”，狠狠地偷吃一通，安慰许久没有尝到甜头的肚子。

将这些经历讲给外甥们的时候，他们就觉得十分有趣，也很滑稽。他们根本感受不到那个时候生活的拮据。日子好起来了，他们的食物总是那么丰富，几乎天天都可以吃上大米、白面、蔬菜、肉类。在我们小时颇显珍贵的糌粑已经淡出了他们的生活。逢年过节的时候，他们也都能穿上自己认为紧随时代步伐的牛仔裤、花裙子和太阳帽。大人们一针一线缝制的氆氇藏装，唯有在藏历初一插经幡的时候他们才极不情愿地穿一会儿，仪式结束后便又丢在一边，不再理会。在平日里孩子们偶尔也能从父母那里讨来几元钱，在村里的小卖部买些可乐、方便面之类的各种零食，慢慢地享用，而儿时让我们垂涎三尺的糖果对他们来说已经索然无味了。

现在，粮食不仅足够一家人吃一年，还有大量的富余作为商品粮卖给国家。每逢秋末冬初，载满了粮食的拖拉机组成的浩浩荡荡的车队，开向乡政府的大院内出售商品粮。祖祖辈辈为填饱肚子而早出晚归、辛勤劳作所收获的粮食，今天，破天荒地换来了一沓沓现金。

过去，大人们只有过年过节才能喝到的颇为稀罕的青稞酒，现在也成了很平常的饮品。不管任何时候，你走进任何一户人家，殷勤的主人都会拿出最好的青稞酒招待你。人们喝了青稞酒后的歌声，也比过去嘹亮了许多，欢快了许多。年轻人在聚会的时候则喜欢买些啤酒，像城里人一样举着淡黄色的酒杯，不停地碰杯。

伦珠村硕果累累的秋天

几年前，伦珠村人还不知道手机是怎么一回事，在城里看到人们在耳朵上贴着各式的手机“自言自语”的样子，觉得十分有趣。但是，这两年村里的年轻人买了手机。只要有事，他们都喜欢打开手机，熟练地拨通对方的号码，“装腔作势”地放开嗓门与对方谈一些农务和打工方面的事情。在节日里，伦珠村的年轻人聚在一起的时候，大家别在腰间的手机的铃声此起彼伏，邀请到自家做客的、祝贺节日的、酒后叙旧的不一而足。我们这些在城里工作的“国家干部”的手机在这时却全哑了似的，成了一种装饰物。

从无电的历史到有电的日子

伦珠村无电的历史是在 1998 年结束的。之前，村里人的夜晚是在油灯下度过的。那时，天似乎比现在黑得要早很多。大人们劳作归来后，点上用动物脂肪作为燃料的油灯，在昏暗的灯光下摸索着做饭、喝茶。而我们则在油灯下做作业。因为油灯太暗，原本认认真真、一笔一画完成的作业，到第二天一看，写出的字全成了歪歪斜斜的不倒翁，算术题也像调皮的涂鸦，招来了老师不少的批评。晚饭后，钻进了被窝，我们在父亲随口编造的可怖的鬼故事中辗转反侧，无法入眠。

伦珠村通电后，家家户户都装上了电灯。几乎每一户人家都从拉萨买来了电动酥油桶，做酥油茶比过去方便、快捷了许多。录音机、电视机、VCD 也很快走进了山村人的生活。与五颜六色的经幡一同树立在房顶的一根根电视天线便成了村里一道特殊的风景。从田间地头劳累了一天回家后，人们习惯地打开电视机，锁定西藏一台的藏语节目，看新闻、欣赏连续剧和歌舞节目，思想活泛了许多，视野开阔起来。对外面发生的国际、国内的大大小小的事件和电视剧中的各色人物，伦珠村人也喜欢凑在一起交流各自的看法和观点。孩子们则从电视里学到了时下最流行的歌舞，村陌小径和田间地头便成了他们演绎那些流行歌舞的最好舞台，观众则是埋头啃食青草或木然地四处张望的成群的牛羊。

告别了油灯的昏暗，伦珠村人的日子也如明亮的电灯，格外地亮堂了。

从人背驴驮到机械化的生产

我小时候，驴是伦珠村人生产上的好帮手。伦珠村人对驴有着深厚的感情。每家每户都养着几头硕壮的驴，给它们起了很多响亮的名字。冬天到田里运送肥料，秋天从田里运出已刈的庄稼都是驴的"本职"工作，甚至打场都离不开驴。记得在秋季，大人们打场的时候要把全村几十头驴集中到打谷场。然后大声吆喝它们沿着铺了一圈的麦子齐刷刷地跑，不一会儿的工夫，驴蹄踏过的麦穗中就脱出了丰满、金黄的麦粒。驴们不惜体力地在麦子上奔跑的场面，简直可以用"壮观"两个字来形容。我大学毕业的时候，村里的驴却越来越少了，偶尔遇见的几头也全是老态龙钟的样子。再后来，驴干脆退出了伦珠村人的视线，不知所往。拖拉机则是在这时"趁虚"进入伦珠村的。年轻的后生们潇洒地坐在上面，两手握着扶手，飞快地在村子里开进开出，一副威风凛凛的样子。现在，伦珠村每一家都有拖拉机，而且清一色是带方向盘的，稍微殷实一些的人家还买了几辆大卡车，过去繁重的春耕、秋收、打场等劳务也因为有了农机而轻松了许多。农闲时，这些拖拉机、大卡车又随主人出现在拉萨、山南等地忙碌的工地上，赚回了足够的现金。节日里，十余辆拖拉机载着穿着漂亮衣裳的人们在马路上列队奔驰，让村里老

神气的拖拉机手

少感受到了一种从未有过的幸福，人背驴驮的那些岁月显然已经被他们遗忘了。

从放牛娃到大学生

伦珠村人过去一直认为上学读书是城里孩子的事情，乡下娃只要把牛羊放好，把农活干利索就是大本事。因此，过去上学的孩子很少，村办的小学因为无人上学几次几近关了门。只有像我这样身体瘦弱，对农活不感兴趣的“野孩子”硬着头皮当了一两年放牛娃后，父母觉得“前途”不大，就被打发到学校去“玩”。村里的次仁爷爷也常取笑我们说“哟，大学生们回来了，今天老师又教你们什么游戏了？”我们几个颇觉脸上无光，急匆匆地低头从他眼前溜掉。

后来，我们几个“野孩子”在村小学达瓦老师的培养下都考上了内地西藏班和县里的中学。10 年后，成为伦珠村第一批大学生，并在拉萨和山南等地有了工作，成了“国家的人”。这给伦珠村老辈人一大刺激，上了一堂生动的课。村里人的观念也就在那时发生了根本的转变。从此，伦珠村人都极力把孩子往学校送，村小学老师的脸上也有了从未有过的喜悦和自豪。如今，伦珠村每几户人家中就有一两个大学生，我们村的大学生的总数在整个乡都名列前茅。这些大学生毕业后，有的成了机关公务员，有的当上了人民警察，有的当了老师，有的成了医生。现在每天太阳还没升起的时候，上学堂的孩子们排着队唱着歌向学校奔去的情景又成了伦珠村一道靓丽的风景线。

40 年来，在伦珠村发生的变迁实在是说不完、道不尽。而伦珠村人并不满足于这些，他们现在又有了更高的目标和更多的梦想。我相信，在国家的大好政策下，在村里父老乡亲们辛勤劳动下，我的故乡定会迎来更加美好的明天。

我的故乡伦珠村并不远，就位于山南地区贡嘎县岗堆镇向西 1000 米处。

原载《中国西藏》2005 年第 5 期

我的苦难与新生

玛嘎口述　泱风记录

一

我的家，在西藏那曲地区的如里草原上。那里有巍峨的雪山，沸腾的温泉，清澈的河水，碧绿的草原，云彩般的牛羊更是直连天际。这是一个多么富饶美丽的地方啊！可是，在民主改革前，这里同西藏其他地区一样，一切财富都被寺庙、官府、贵族三大领主占有，而居住在这片土地上的广大农奴，却过着贫困悲惨的生活。

以我家来说吧！我的祖父原来是差巴（下层牧民），有一些牛羊和一定的人身自由，在祖父和父亲、母亲的勤劳经营下，一家人生活还过得下去。后来，不知什么原因，这些牛羊突然被农奴主次仁朗培全抢走了。从此，我们全家变得一无所有，祖父因此被气死了。但次仁朗培还不放过我们。一天，他带着几个人来到我家，凶恶地对我阿爸说："你父亲还欠我一笔债，今天一定要偿还！"我阿爸抑制着愤怒说："我父亲欠不欠你的债，我不清楚，我家的牛羊全被你们赶走了，却是明摆着的事，现在我还有什么东西给你呢？"次仁朗培不满地说："你没有什么东西给我，那就到噶厦（西藏地方政府）去说吧！这笔债是我帮噶厦放的。"什么噶厦，这明明是抬噶厦压人。他说着，几个人就把阿爸绑在马背上。我阿妈去抢阿爸，被踢倒在地。

阿爸被带走了。我们一群孩子看着这一切，哭的哭，叫的叫，凄惨之声震荡着草原。阿妈从地上挣扎着爬起来，心疼大人，又心疼孩子，急得团团转。阿妈突然抱起最小的弟弟向农奴主家奔去。我们几个大一点的孩子也跌跌撞撞地跟着跑去。到了农奴主家，见阿爸被捆在牛圈边的石板上，背上还压了一块大石头。我们的心，比刀绞还痛。次仁朗培却恶笑着说："哈哈！太好了，你们一家都来了，省得我派人去请你们。你们看看我是怎样对付欠债不还的人的！"说着便举起手臂粗的一根大木棒，狠心地往阿爸的屁股上猛打。顿时，血肉横飞。阿妈气晕了，我们孩子哭哑了，等次仁朗培停下手，我们睁开眼看时，阿爸屁股上的肉全被打烂了，两大块骨头白花花地翘着，地面和墙壁上溅满了碎肉和鲜血，真是惨不忍睹！阿爸被打成这个样子，万恶的次仁朗培仍不放过他，还把他关进不通风、不见太阳、阴暗潮湿的地牢里，使阿爸的伤口化脓、生蛆。过了几天，阿爸就惨死在地牢里了。

在封建农奴制度下，农奴被农奴主残害，不要说没有申冤的地方，就是说句不满意的话也要招致报复。阿妈因为说了一句"大人被你们打死了，这些孩子怎么活！"次仁朗培就说她"辜负天意"，不服从"佛"的处罚，又把她抓去狠狠地打了一顿，腹部受到严重的伤害，伤口发炎化脓，外面的皮肉全烂掉，肋骨和小肠露了出来，

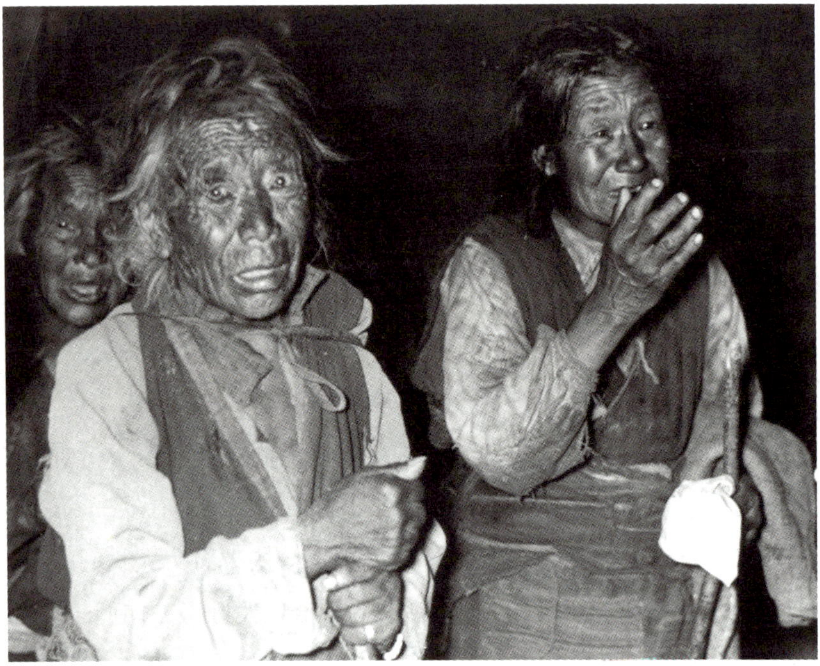

丧失劳动能力被农奴主逐出庄园的农奴

苍蝇嗡嗡地绕着她飞。可怜的阿妈同父亲一样惨死在农奴主手里。

阿爸阿妈死了以后，丢下我们 9 个 1 岁到 13 岁的孤儿。怎么生活呢？那时候，不像现在这样，孤儿不仅可以被政府收养，到了入学年龄，还可以到学校接受教育。那时候，孤儿只有被饿死。我们几个大一点儿的哥哥姐姐能看着那皮包骨头的瘦弱的小弟小妹不管吗？不能。当他们睁着饥饿的大眼睛，张着小口，可怜地叫着"阿佳（姐姐），我饿！我要吃！"的时候，我的心啊，痛断了肠！我的眼泪啊，像河水一样流不止！我是老四，我就和两个姐姐，一个哥哥，到草原去找那些死牛死羊，把它们拖回家来，煮给小弟小妹们吃。有一次，我们从山上发现一只刚死的小牛犊，就把它拖回家来，把皮剥掉，把腿上的肉割下来，烧起牛粪火，放在锅里煮来吃。锅下是熊熊燃烧的火苗，锅内是滚滚沸腾的牛肉。弟妹们闻着锅里散发出来的肉香，眼看有一顿可口的牛肉吃，高兴地唱起了歌，跳起了舞。这真是我们兄弟姊妹难得的一次欢乐。突然，不知从什么地方走出了次仁朗培。他看见我们煮着死牛肉，冷冷地说道："这草场上的死牛死羊，是我供神鸟的；这草场上的牛粪，是我晒的，谁叫你们拿来煮吃？谁叫你们拿来烧火？"他啪的一脚，把我们的肉锅踢翻了，泼洒出来的汤水，把围在火塘周围的弟妹们烫得皮开肉绽，疼得直哭。我看着凶狠的次仁朗培，恨得牙齿发痒，真想一刀杀死他。

可恶的次仁朗培走了以后，我们又把地上的肉拾起来，但不敢再煮了，就把生肉割成小块小块的喂他们。可是，他们那幼小的肠胃，怎么能消化生肉呢？不喂肉，又到哪里去找糌粑呢？两个小妹妹吃了生肉，肚子膨胀，不久，就死了。两个小妹妹死了以后，我和姐姐们商议，不再把生肉给弟弟们吃了。就到山上去挖野菜来煮给他们吃。但那么幼小的人，光靠吃那又苦又涩的野菜，又怎么能活呢？不久，两个小弟弟也饿死了。

就这样，我家 11 口人，在一年多的时间里，被农奴主害死了 6 口。我们想：在这世界上，要有一个穷人不会受伤害、不会挨饿的地方该多好啊！

二

4 个弟弟妹妹饿死以后，剩下我们 5 个大一点的孩子，都是七八岁以上，能干点活儿了，豺狼成性的次仁朗培又在我们身上打主意。他把我们兄妹 5 人强迫分给他的几个儿子当农奴，并且规定不准我们互相说话，不准我们见面，不准我们往来。从此，我们兄妹都淹进了苦海！

我被分配到多木杰家。多木杰是一个非常凶恶的人，比他爹还残暴，动不动就抽刀杀人。

我第一天跨进多木杰家的院子，多木杰就劈头盖脸地问我："你记得你阿爸阿妈是怎么死的吗？"我人小，不懂他问话的意思，便老老实实地回答说："记得。"他鼻子里哼了一声："记得？记得就好！如果不听话，下场就同你阿爸阿妈一样，懂吗？"我盯着他那蛮横丑陋的嘴脸，没有说话。

他向屋里喊了一声，屋里出来一个温和的大姐。他粗声恶气地吩咐道："把她带到狗窝里去。"这姑娘向我招了招手，我便跟着她走出了院子。"你怎么到这里来了？"她小声问道，不等我回答，便接着说："你瞧着吧，以后有你的苦吃！"她说着眼泪扑簌簌地从面颊上滚落下来。

狗窝是用卵石砌的一个小圈，里面又脏又臭，莫说住人，连狗也不会进去。我愣愣地看着狗窝。带我来的姑娘看出了我的心事，含着泪对我说："你先把里面扫一扫，回头我想法给你弄块破氆氇来。"又说，"我叫白吉，往后有什么事。可来找我。我该回去了，再待要挨打的"。我看了看狗窝周围，见地面上钉满了拴牛拴羊的木桩。我明白了。今后我的差事就是白天在草场上放牛放羊，晚上在狗窝里守牛守羊。这苦难的日子是没有尽头了。

我 10 岁那年春天，母羊产羔很多，我照管不过来。有一天，我放羊回来。一点数。不知怎么少了一只。第二天，多木杰在山上发现这只羊羔的皮子。傍晚，我放羊回来后，他把我叫过去，不问青红皂白，抓住我的发辫，刷地抽出腰刀，一刀刺进我的右大腿，剜

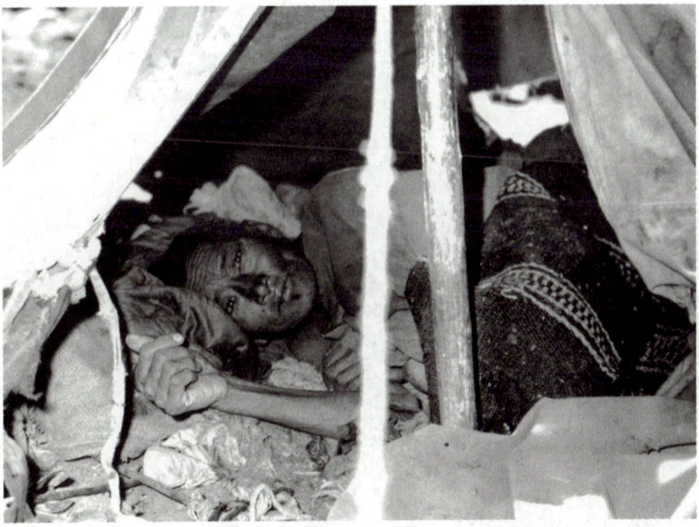

奄奄一息的乞丐

下一块血淋淋的肉，挑在刀尖上，咬着牙说："你把我的羊喂狼，我把你的肉喂你，吃吧！尝尝什么滋味？"说着，硬往我嘴里塞，我痛得呼天唤地，当场晕倒了，他还不罢手，直到把肉塞进我的嘴里。我躺在地上，鲜血直流，万恶的多木杰则若无其事地甩着手走了。白吉听说后赶忙跑来把我抱进狗窝，抓把牛粪灰塞住我的伤口，帮我止了血。我紧紧地依偎着她，她伤心地抱着我，我们始终没有说一句话。在那万恶的社会里，有什么好说呢？说给谁听呢？说了又有什么用呢？我们俩默默地待了一会儿，她流着泪走了。

在白吉大姐的照顾下，我的伤慢慢好了，能做轻活了。多木杰吩咐说："你休养够了吧！该给我去放牛犊了，不能坐着白吃糌粑！"多木杰把十多只牛犊交给我看，又叫另一个名叫顿珠的男奴放母牛。从此，我不得不一瘸一拐地每天上山放牛犊。为了不让牛犊去吃母牛的奶，我和顿珠分别在两个牧场放牧，而且要时刻提防小牛犊跑

农奴从尼木宗出逃到拉萨

到母牛那里去，每天累得精疲力竭。

一天，我们正分别在两块草场上放牧，天上忽然下起冰雹来，母牛和牛犊被打得乱跑乱叫，牛犊群和母牛群混在一起了，隔又隔不开，结果牛犊吃了母牛的奶。本来牛犊也好，母牛也好，都是他自己的，没有什么关系。可是多木杰却大发雷霆，说我们无用，拾起一块石头，追着顿珠打，把顿珠的左眼打瞎了，趴在地上起不来，然后又跑来抓着我，抽出腰刀，在我左膝盖上，砍了一条大口，鲜血汩汩地涌着。农奴主想到他的母牛可能要少挤一点牛奶，就无情地责打我们，而看见我们农奴鲜血横流却满不在乎。我一个 12 岁的女孩子躺在地上，抱着伤口，叫天天不应，叫地地不答，哭晕了过去。等白吉知道后，偷偷跑来，把我抱进我住的狗窝。那些日子，我们俩人见一次，哭一次，不知什么时候才是苦难的尽头。

我被砍了这一刀，不能上山放羊了，多木杰就叫我晒奶渣，规定要成天守望着，不能让乌鸦和牲畜来吃。那奶渣摊在地上一大片，四周又没有栅栏，我的手脚又不灵活，真是难照管。有一次一只很野的公山羊，不听我的呼赶，闯来吃了几片奶渣，我的小朋友玛措姆就帮我把它赶开了。多木杰的老婆见了，提起一把尖刀，向我冲来，我知道又要惨遭不幸，被吓慌了，忙喊玛措姆救我。玛措姆是和我一样大的姑娘，对多木杰的老婆畏如老虎，听见我的尖叫声，早吓跑了，哪还敢来救我！这母老虎抓到我以后，知道我的一双脚都被砍伤过。如果再砍我的脚，便一点活也不能帮她家做了。要白白放过我呢，这又不能满足她视农奴为牲畜、可以任意残杀的欲望。这家伙两眼一瞪，就给我的左手腕一刀，戳了个窟窿，才悻悻而去。

苦难的日子一天一天过去，我对农奴主的仇恨，也一天一天加深了。有一年春天，我放的一匹母马生了一匹小马驹，多木杰的弟弟才旺仁增跑来看。他的年龄和我差不多，却什么劳动活也不干，只穿着漂漂亮亮的衣服到处玩耍；而我呢，吃没有吃，穿没有穿，却什么脏活、重活都得干，稍不如农奴主的意，还要遭受残酷的打杀。对比之下，我怨愤难平，便情不自禁地在他面前发起牢骚来。我说：“我成天为人放牛放羊，没有吃的，没有穿的，还要挨打受气，这个日子怎么过啊！”谁料，这小坏蛋回去向多木杰说了。多木杰就来骂我说：“你家欠我的债不还，我反而收养了你，你不感恩戴德，还说我亏待了你”。说着，就提起一根木棒，“嘭嘭”地给我一顿毒打，打得我口里、耳里、鼻里鲜血迸流。夜里，我全身开始浮肿，疼痛难忍。白吉给我拿些土碱来，流着泪嘱咐我说：“我有繁重的劳动，不能时时来看你，你痛得厉害时，就把这土碱化水喝。”有了她的关心，我顿觉痛苦减少了很多。后来，我就用她的办法来止痛。至今，天气反常时，我全身疼痛，就是那次棒打的后遗症。我受了这么多的苦，应当是尽头了吧？不！在封建农奴制度下，农奴的苦是没有止境的。我这次被大棒打伤后，白天不能上山放羊了，但夜晚照样要在破狗窝里看守牲口。在一个暴风雨的夜晚，拴在狗窝四周的牛羊跑散了，我因伤重不能走动，无法去追赶，吓得直叫苦。雨停后，其他农奴把牛羊找回来了。照理讲，既然已把牛羊追回，又没有损失，就不该对我苛责了，但我躺在床上，心惊肉跳，预感到第二天将有灾祸临头，一夜没有合眼。我想：我要是一只鹰，可以飞到天上去；我要是一只鼠，可以钻进地里去；我要是一条鱼，可以游进大江大海去……可惜我不是自由的飞禽走兽，而是一个落进虎口的遍体鳞伤的孩子！第二天天刚发白，多木杰就走到我的门前喊道："玛嘎，你出来！"听到他的声音，我的魂魄早飞到九霄云外去了。我拖着满身伤痕，扶着石墙刚刚走到门边，他一步跃上前来，把我拖出去摔倒在地上，一只脚踩着我的脖子，一只手抽出腰刀，先在我的小腿上砍了两刀，血像水一样流着，他还不放手，又对准我的左脚背一刀刺进去，直穿脚底。我悲惨的喊声，打破了黎明的寂静。我唯一的亲人白吉从睡梦中惊醒，慌张地向我的住处跑来。她看到是多木杰在虐杀我，又见我满身是血，立刻吓瘫在地。亲爱的白吉啊，你跑来了又能把多木杰怎么样呢！同样的灾难随时都可能落到你的头上啊！多木杰不走，白吉不敢上前，她只得掉过头去。我的身上又增添了 3 道刀伤！

这次伤口痊愈以后，我已是 18 岁的大姑娘了。有一天，我到河边去洗头，从水里看到了自己的面容，心里突然难过起来！我比农奴主不少鼻子，也不少眼睛，为什么要被农奴主任意残害呢？我是一个人，农奴主也是一个人，为什么我在他面前只能吐舌哈腰，他在我面前就能作威作福呢？这样的惨痛生活，我实在受不了。我越想越难过，我不如投进洛河一死了事。

孩子被拴在田头

我正寻思着，白吉来背水，见我泪流满面对着河水发愣，亲切地叫了我一声，我才醒悟过来。我年纪轻轻就想到了死，自己也感到惊奇！我一头栽倒在她的怀抱里痛哭。她把我抱在怀里，抚着我的头，亲切地劝导我说："别哭了，我的好妹妹，哭有什么用呢？……"她口里这样说着，自己却忍不住放声痛哭起来。

我再也不能忍受了，我决定逃跑。我寻找着逃跑的机会。有一次，我打听到多木杰第二天要外出，就决定乘这个机会逃走。我在当晚把一切准备好，只等天明他出门后，我便起身走。第二天早上，我见他骑着一匹马走了，我便拿起东西，顺着洛河下游跑去。不料，那草原开阔，我的身影被他发现了，他打马追来，我急了，纵身跳进洛河里。

我被抓了回来。他叫来他的老婆和弟弟，把我掀翻在地，一人一边踩着我的手。他抽出了刀子，骂道："你不要以为你已经长大了就能随便逃跑。把你的脚砍掉，看你还逃不逃。"他手起刀落，我感到右脚一阵剧痛，晕过去了。等我醒来时，已经躺在我住的狗窝里，我唯一的亲人白吉姐姐正眼泪汪汪地守在我的身旁。“我的脚？”我慌忙抬起身来问道。“不要紧，慢慢会好的。我已经给你包扎好了。”白吉安慰着，让我躺下休息。

在10年的时间里，我被多木杰砍了7刀。他公然无耻地向我说：“我砍了你7刀。你都不死，算你命大，是佛保佑你！”生长在新时代的年轻朋友们，恐怕你们谁也想不到，一个活生生的人可以被另一个人像宰杀牛羊一样随随便便地宰杀掉吧？可是，在西藏封建农奴制度下的农奴的命运确确实实就是这样的。我身上的刀疤就是明证。达赖集团要恢复的制度就是这个制度。他们所说的“人权”，就是这样的“人权”！

三

1951年冬天，草原上传开了一个令人神往的消息：红汉人到拉萨了。

红汉人！红汉人是什么样的人呢？

朝圣回来的人说：红汉人头上放着红光（指军帽上的五角红星），脸上露着笑容，是吉祥的人。

卖兽皮的人回来说：汉人不拿别人的东西，拿了东西给银圆。

流浪艺人说：汉人是藏人的朋友，见了小孩给糖，见了大人给糌粑。

多木杰说：我知道汉人见了小孩要捉去煮着吃，见了大人要捉去杀掉。

我想，不管怎么说，汉人总不会是多木杰那样的恶人。

一个月明星稀的夜晚，白吉来到我的狗窝，神秘地贴着我的耳

新生的农民品尝
丰收的喜酒

朵说："我听到多木杰对他的老婆说，汉人是富人的对头，穷人的朋友。汉人来了，有钱的人要遭殃，无钱的人要得好处！"

我兴奋地抱着白吉说："要真是这样，我们的苦日子就要熬到头了。"

从此，我们天天盼，日日盼，希望汉人能早日在草原上出现，只要有个生人从远处走来，我们都要迎上去看个清楚，害怕把头上有红光的人漏掉。

等了一天又一天、一月又一月，都没有看见头上有红光的汉人来到我们的草原上。真是急死人！

在一个中午，我正在帕嘎拉垄山脚下放牧，忽然，一个年轻的大姐不知从什么地方钻了出来。我看着挺面熟，像是见过，又不认识。她走到我的身边坐下，摸出两个烙饼，自己吃一个，递一个给我。我接过饼，仔细地研究着她。心想：这个不相识的大姐，为什么拿东西给我吃呢？她见我迟疑，笑着说："吃吧。"

她一边吃，一边同我说话。问我叫什么名字？为谁家放羊？家里还有什么人？她一提起这些问题。我心酸了，眼泪像断了线的珍珠，滴滴答答地往下滚。她很同情我，叫我别难过，有话对她讲，她帮助我想办法。我在多木杰的屠刀下过惯了惨无人道的生活，对关怀我的人十分信赖，愿意把自己的心事告诉她。我就向她谈起了自己的身世和苦难。她听着听着，眼泪流出来了，比我还伤心。我问道："大姐，你是不是也像我一样受苦？"她揩干了眼泪，高兴地说："我是你的阿佳，丹珠啊！"

我俩紧紧拥抱着，放声痛哭起来。原来她是我的亲姐姐！我们姐妹被农奴主拆散了十多年，没想到在这里见面了，心情是多么激动啊！

姐姐向我讲了一些汉人的故事，我听得着了迷。姐姐说："我就是专门来找你的，我们一起逃走吧！"

我想起上次逃跑没有逃成被抓了回来的事，心里无底，问道："逃到哪里去呢？"

"逃到有汉人的地方去呀！"

"多木杰追来了怎么办？"

"现在有汉人了，不怕他。"

姐姐这句话提醒了我。最近以来，我感到多木杰像是收敛了一点，不敢像过去那样随随便便就动刀砍人了。我认为姐姐说得有道理，就决定同姐姐一起逃走。

我丢下多木杰的牛羊，和姐姐一起向帕嘎拉垄山上跑去。刚到半山腰，一个男人突然拦住了我们的去路。我以为是多木杰的人来了，大吃一惊，正准备防卫，那男人却笑着问道：“这就是玛嘎妹吗？”“这是你姐夫”姐姐忙说：“他专门在这里等我们。”我心上的石头落了地，庆幸自己脱离了虎口。

我们往南走了7天，到了工布地方的桑塔。在这里，我们遇到了穿军装的汉人，他们每人头上真有一颗放着红光的星星。姐夫对我说：“这就是汉人解放军了。我们称他们为金珠玛米。”

我见了金珠玛米，高兴得说不出话来，只感到心里涌起一阵热浪，泪水不禁流了出来。解放军见了我们，亲切地招呼我们坐下休息，请我们喝茶，问我们从哪里来？到哪里去？我们虽然不懂汉话，但从他们的表情和手势，我完全明白他们的意思，用藏语回答了他们。他们端出一盆米饭、两盘菜，请我们3人吃。两个解放军见我和姐姐没有鞋子穿，等我们吃完饭以后，送我们一人一双鞋。我们临走时，解放军又送给我们一小袋大米，还向我们嘱咐了许多话，可惜我们听不懂。我一路上回忆着这一难忘的情景，心想：他们真是吉祥如意的人。

我们见到了解放军，感到一切都有了希望，决定回姐夫的家乡麦地卡去，专等解放军去我们那里。

我坚定地认为：汉人是好人！解放军是好人！我一路向前走，一路回头看，真希望解放军从我们的后面赶上来，同我们一起到藏北去，到麦地卡去，把多木杰那样的恶魔收拾干净。

我们到麦地卡安了家，靠姐夫打铁过日子，生活虽然还很贫困，但比起在农奴主家当农奴的生活那是自由幸福多了。

1959年3月，达赖集团在拉萨、山南等地发动武装叛乱，解放军奉命对叛乱进行平息。拉萨地区的叛乱，十多天就平息了。其他地区平叛工作也是节节胜利。一天，一股叛匪突然闯到我们麦地卡。从他们丢盔卸甲的狼狈模样可以想见他们是溃败下来的。过了一天他们逃跑了，解放军随后追来了。我见过解放军，知道解放军是好人，同姐姐姐夫和一些牧民去欢迎他们，他们非常高兴，连连伸出大拇指赞扬我们。

平息叛乱以后，政府派来的工作队立刻领导广大贫苦牧奴在千里草原上建立了牧民委员会，展开了轰轰烈烈的民主改革运动。过去任人宰割、任人践踏的广大牧民，在党的领导下站立起来斗倒了反动牧主，分到了牛羊，建立了自己的家园。我们被反动牧主拆散的兄弟姐妹团圆了。翻了身的广大牧民，在千里草原上尽情地唱歌跳舞，欢庆人民解放军帮我们砸碎了锁链挣脱了镣铐，把我们从苦难的深渊里拯救出来，过上了真正自由的生活。

四

民主改革后的草原，喜事一件接一件。我们像做梦一样，天天都处在幸福之中。1961年，草原上办起了那曲化工厂，欢迎翻身牧民去当工人，我和一些牧民踊跃报名参加。

到厂里后，领导立刻发给我们酥油、糌粑、茶叶，让我们住进崭新的帐篷里。在这里，劳动是自觉的，有多大劲儿就使多大力气，不像过去给农奴主劳动那样受管家监督。碰到刮风下雪，就暂时停工回帐篷休息。谁身体不舒服，谁就到医务室去看病吃药……这一切，在今天看来，那是很自然很普通的事情，但那时，对我们刚从农奴制度的牢笼里解放出来的人，确实是件稀奇的事。因为，这是

藏族第一代女矿工

我生平第一次从事自由愉快的劳动，第一次得到那么多人的爱护和关怀，第一次享受到有尊严的人的生活。我的心像蜜样甜，像火样热，劳动特别起劲！

我在厂里工作了一个月之后，队长叫我去领工资。我想，有饭吃就行了呗，还拿工资干什么？没有去。后来。队长又催我说："玛嘎，快去领你的工资。别让发工资的同志久等你啊！"我见队长说得那么认真，只好去了。到领工资的办公室，发工资的同志让我在

牧场新生活

工资册上我的名字下面摁个手印，发给我一大堆白花花的银圆，说是76块。我做梦也没有见过这么多的钱，我家祖祖辈辈也没有见过这么多的钱，我惊诧极了，忙问这是几年的工资？大家都说这是一个月的工资，我还是不相信。发工资的同志说这确实是一个月的工资。我不知所措了，我慌忙牵起围裙去接钱，76个大银圆落在我的围裙里，沉甸甸的，我真不敢相信这是自己的钱。我领到工资，买了衣服、被子、床单、面盆、毛巾、牙刷和其他一些用品，还剩很多钱。我拿着这些东西回到帐篷里，一件一件地翻看着所买的这些东西，我想啊，想啊，我想起了许许多多的往事，我的眼泪夺眶而出。我一下跪倒在毛主席像前，望着毛主席慈祥的面容，心里呼唤着：“毛主席赤鲁丹巴秀！毛主席赤鲁丹巴秀（毛主席万岁）！”

不久以后，我被选为生产组长。我万万想不到我这个受尽人间最大苦难的农奴还会有今天。我原来只希望有一条活路就行了，如今竟受到这般重视和培养，我简直不敢相信这是事实。在化工厂工作了一年，第二年，我被调到拉萨纳金电厂当工人。我知道，电厂是发出光明的地方，我要用我的双手和智慧好好劳动，使拉萨永放光明、永远灿烂。

1964 年国庆节，我被邀请到北京参加建国 15 周年观礼，受到毛主席的接见，享受到了一个工人平生的最大光荣。

我一生中，前 20 多年受尽了反动黑暗的封建农奴制度的野蛮摧残和迫害，后半生享受到社会主义祖国大家庭的无限温暖和幸福，享受到极大的尊严和荣誉。什么社会好，什么社会不好？我心如明镜。达赖集团妄图把我们新西藏从祖国社会主义大家庭中分裂出去，是痴心妄想，让他们做梦去吧！

原载《中国西藏》2009 年第 2 期

西藏跨越式发展踏上新征程
——第五次西藏工作座谈会解读

朱晓明

2010年1月18日至20日，党中央、国务院在北京召开了第五次西藏工作座谈会。这是在我国全面建设小康社会进入关键时期、西藏跨越式发展进入关键阶段召开的一次重要会议。

谋长久之策、行固本之举，以这次会议为标志，西藏又站在了新的起点上。

20世纪80年代以来的四次西藏工作座谈会

改革开放以来，中央先后召开过四次西藏工作座谈会，不断加大西藏工作的力度。第一次会议是在1980年召开的。会议形成了《西藏工作座谈会纪要》。确定了对西藏实行“减免放”的特殊政策，即减轻农牧民负担、免征免派购（即免征农牧业税，不再下达派购任务），让农牧民休养生息、发展生产，尽快富裕起来。第二次会议

青藏铁路的建成为西藏的跨越式发展奠定了坚实的基础，图为上海开往拉萨的列车正从念青唐古拉山山脚下经过。

是在 1984 年召开的，会议就西藏的社会经济发展做出了重大决定，大力开发能源，发展交通运输事业；放宽政策，促进农牧林业和民族手工业的迅速发展；努力办好教育事业，发展和繁荣文化艺术；对外实行开放，对内加强交流等。与此同时，中央决定由北京、上海、天津、江苏、浙江、福建、山东、四川、广东等省市，按照西藏提出的要求，帮助西藏建设 43 项当时迫切需要的中小型工程项目，包括电站、宾馆、学校、医院、文化中心和中小型工业企业，同时决定在内地各省市开办西藏中学。

1994 年 7 月，党中央、国务院召开第三次西藏工作座谈会。会议确定了新时期西藏工作的指导方针，以经济建设为中心，紧紧抓住发展经济和稳定局势两件大事，确保西藏经济的加快发展，确保社会的全面进步和长治久安，确保人民生活水平不断提高。会议决定继续对农牧民和城镇居民实行免费医疗；继续对农牧区中小学学

著名藏族歌唱家才旦卓玛在拉萨藏历新年电视晚会录制现场演唱歌曲

生实行“三包”，提高标准，增加经费；继续免征农牧业税。同时制定了中央关心西藏，全国支援西藏，实行对口支援、分片负责的计划。与此同时，党中央决定为西藏投资建设 62 项工程，这些工程涉及农业、能源、交通、社会事业、市政工程等方面，项目总投资达 30 多亿元。

2001 年的第四次西藏工作座谈会，继续对西藏实行特殊的扶持政策和变通办法，重点是基础设施建设，主要用于农牧业、基础建设、科技教育、基层政权相关设施建设以及生态环境保护和建设，在西藏经济社会发展方面主要解决了四个问题：一是帮助西藏制定了“十五”期间西藏发展规划。二是确定优先安排的重点建设项目。确定了国家直接投资的建设项目 117 个，总投资约 312 亿元（含青藏铁路西藏段 120 亿元）。三是确定了对口支援建设项目。经过认真准备和协调，确定各省区市对口支援西藏建设项目 70 个，总投资

10.62亿元。四是确定优惠政策。现行的优惠政策，能继续执行的继续执行，需要完善的完善后继续执行，还增加了一些新的优惠政策。优惠政策共有50条。

第四次西藏工作座谈会以来取得的主要成绩

2001年以来，在中央关心和全国各省市各族人民的支援下，西藏的经济社会取得了全面发展与进步，西藏城乡面貌发生了巨大变化，人民生活水平显著提高。基本实现了第四次西藏工作座谈会提出的发展目标。主要表现在：

一是经济发展迈上新台阶。2009年，西藏生产总值预计达到437亿元，比2000年增长近1.7倍，年均增长12.3%，连续17年保持两位数增长；人均生产总值达到15000元，年均增长

西藏拉萨曲水县南木乡江村卓嘎给亲朋好友献“切玛”

雕樑画栋的新房宽畅又整洁

2010年1月9日，拉萨市俄杰塘社区居民参观“博宥流动书屋”。

新居生活

在11%以上。农牧民人均纯收入达到3589元，比2000年增长1.7倍，年均增长在13%以上，连续7年保持两位数增长。社会消费品零售总额达到129亿元，比2000年增长2.6倍。

二是基础设施建设实现新突破。中央第四次西藏工作座谈会召开9年来，西藏累计完成全社会固定资产投资1875亿元，其中国家投资超过1100亿元。“十五”期间投资规模超过了前35年的总和。“十五”前四年累计完成全社会固定资产投资1175亿元，是“十五”期间698亿元的1.7倍，年均增长在16%以上。“十五”以来先后实施了“117项目”和“180项目”等一大批关系西藏经济社会发展的重点项目。以青藏铁路为标志的重大项目相继建成，正在发挥巨大效益。青藏铁路那曲物流中心投入运营，极大地促进了西藏跨越式发展步伐。

年轻牧人有了自己的新坐骑

市场上来自牧区的新鲜酥油非常受欢迎

幸福的小家庭

三是社会主义新农村建设取得新成效。先后解决了23万户、120万农牧民的安居问题，使西藏尚未定居的游牧民基本实现了定居；解决了122.2万农牧民饮水安全问题；668个乡镇、4222个行政村通了公路；新增农牧民用电人口67万人；农牧区碘盐覆盖率达到80%以上；行政村通电话率达到85%、乡镇通邮率达到80%，极大改善了农牧民生产生活条件。

四是社会事业全面进步，“普九”任务全面完成。高中阶段入学率达到56.5%、高等教育入学率达到22.4%；科技支撑能力进一步增强；文化事业健康发展；医疗卫生基础设施进一步完善，初步形成了区地县乡四级卫生服务网络，农牧区免费医疗制度惠及所有农牧民，全面建立了农牧区最低生活保障制度，基本养老等五大保险为核心的社会保障体系初步形成，全面覆盖城乡；布达拉宫等“三大文物”保护维修工程全面完成。

五是生态环境保护与建设成效显著。全区范围内已建立各类自然保护区 45 个，保护区总面积占全区国土面积的 34.4%，居全国首位。全面启动农村薪柴替代工程，11.4 万户农牧民用上沼气。环境保护和节能减排工作同步推进，西藏新型干法水泥占水泥总产能的比重接近 50%；推广、销售太阳灶 33 万余台、节能灯 110 万只；太阳能热水器安装使用量已达到 100 万平方米左右。组织实施国务院批准的《西藏生态安全屏障保护与建设规划》，加大规划确定的十大工程实施力度，已累计落实国家投资近 18 亿元。生态环境保护进入到一个统筹规划、有序建设的新阶段。

六是改革开放取得新进展。农牧区综合改革、医药卫生体制、社会保障、企业、财税等改革取得积极进展，政府机构改革全面实施，保障经济社会发展的体制机制进一步理顺。中印边境乃堆拉山口贸易通道恢复开通。对外贸易不断扩大，2009 年实现进出口贸易总额 4.5 亿美元。

纵观西藏发展历程，中央第四次西藏工作座谈会以来的 9 年，是西藏经济发展最快、社会进步最明显的 9 年，是基础设施建设力度最大、城乡面貌变化最快的 9 年。是人民生活水平提高最快、得到实惠最多的 9 年。

第五次西藏工作座谈会提出的任务和目标

在 2010 年召开的第五次西藏工作座谈会上，胡锦涛总书记指出，总结历史经验，根据新形势新任务，当前和今后一个时期西藏工作的指导思想是：高举中国特色社会主义伟大旗帜，以邓小平理论和“三个代表”重要思想为指导，深入贯彻落实科学发展观，坚持中国共产党领导，坚持社会主义制度，坚持民族区域自治制度，坚持走有中国特色、西藏特点的发展路子，以经济建设为中心，以民族团结为保障，以改善民生为出发点和落脚点，紧紧抓住发展和稳定两件大事，确保经济社会跨越式发展，确保国家安全和西藏长治久安，确保各族人民物质文化生活水平不断提高，确保生态环境良好，努力建设团结、民主、富裕、文明、和谐的社会主义新西藏。

这一指导思想是经过实践检验的正确的指导思想。1990 年 7 月，时任西藏自治区党委书记的胡锦涛在西藏自治区第四次党代会上首次提出了“一个中心（经济建设）、两件大事（发展、稳定）、三个确保（经济发展、社会稳定、生活改善）”的指导方针。同月，赴藏视察工作的江泽民总书记肯定了这一西藏工作指导思想。在第三次、第四次西藏工作座谈会和 2005 年中央关于西藏工作的重要指示中，根据形势的发展，对西藏工作指导思想的内容作了必要的补充和完善，但基本精神一直没有变。这个指导思想完整、准确，符合西藏工作实际，对西藏经济发展、社会稳定发挥了很好的作用。

第五次西藏工作座谈会从四个方面对这一指导思想做了进一步丰富和完善。一是将“三个坚持”（坚持中国共产党领导、坚持社会主义制度、坚持民族区域自治制度）丰富为“四个坚持”，增加了“坚持走有中国特色、西藏特点的发展路子”的内容；二是在“以经济建设为中心”之后，增加了“以民族团结为保障，以改善民生为出发点和落脚点”的内容；三是将“三个确保”丰富为“四个确保”，增加了“确保生态环境良好”的内容；四是提出了“努力建设团结、民主、富裕、文明、和谐的社会主义新西藏”的目标。1980 年第一次西藏工作座谈会上提出了“建设团结、富裕、文明的社会主义新西藏”的奋斗目标和响亮口号，经过 30 年的发展，又加上了“民主”“和谐”的内容。这一指导思想的丰富和完善，是党中央关于深

西藏新一代建设者

手工编织物是农民新的收入渠道

布达拉宫广场正在建设的地下通道工程

入贯彻落实科学发展观、建设社会主义和谐社会的重要思想在西藏工作中的具体运用和重要体现。

会议从五个方面分析了西藏经济社会发展的阶段性特征，主要是：（1）经济总量稳步提升，但起步晚、底子薄、积累少、实力弱的状况依然没有根本的改变；（2）人民生活明显改善，但部分城乡居民特别是一些农牧民生活还比较困难，社会事业总体水平相对落后，农牧区公共服务基础差、社会保障能力低等问题比较突出，经济社会发展不协调、城乡发展不平衡状况依然存在；（3）健康文明的生活方式逐步形成，但市场经济意识和商品意识还很薄弱，封建农奴制残余思想在有的社会成员头脑中依然存在；（4）环境保护成效显著，但生态和发展的矛盾日益显现，生态安全

辽宁省辽阳市第一中学的藏族学生打电话向雪域高原的亲人拜年

形势依然严峻；（5）社会大局保持稳定，但反分裂斗争依然尖锐复杂。对于这些阶段性特征的分析，一是体现了动态性，而不是静止地看问题；二是两分法，既肯定了每一方面的主流、成绩，同时也实事求是地分析了存在的问题；三是明确了下一步的工作方向。会议明确指出，这是谋划做好西藏工作的历史方位和现实依据。

胡锦涛深刻指出，综合起来看，当前西藏的社会主要矛盾仍然是人民日益增长的物质文化需要同落后的社会生产之间的矛盾。同时，西藏还存在着各族人民同以达赖集团为代表的分裂势力之间的特殊矛盾。西藏存在的社会主要矛盾和特殊矛盾决定了西藏工作的主题必须是推进跨越式发展和长治久安。这是西藏工作的长期主题，是西藏工作坚定不移的任务和目标。

会议勾画出西藏的未来发展蓝图

五次西藏工作座谈会，从“加快西藏发展”“跨越式发展”到“在科学发展的轨道上推进跨越式发展”，勾画出新西藏的未来蓝图。这就是“推进西藏跨越式发展，要更加注重改善农牧民生产生活条件，更加注重经济社会协调发展，更加注重增强自我发展能力，更加注重提高基本公共服务能力和均等化水平，更加注重保护高原生态环境，更加注重扩大同内地的交流合作，更加注重建立促进经济社会发展的体制机制，实现经济增长、生活宽裕、生态良好、社会稳定、文明进步的统一”。

2009 年年底，西藏自治区教育厅在全区范围内再次提高农牧民子女义务教育“三包”经费标准，这是 1985 年国家拨出专款对西藏义务教育阶段的农牧民子女实行包吃、包住、包学习费用的“三包”政策以来，第八次提高经费标准。

会议明确了西藏发展的战略定位，西藏成为重要的国家安全屏障、重要的生态安全屏障、重要的战略资源储备基地、重要的高原特色农产品基地、重要的中华民族特色文化保护地、重要的世界旅游目的地。

会议提出了西藏经济社会发展“两步走”的目标。西藏经济社会发展的主要目标是：到 2015 年，农牧民人均纯收入与全国平均水平的差距显著缩小，基本公共服务能力显著提高，生态环境进一步改善，基础设施建设取得重大进展，全面建设小康社会的基础更加扎实。到 2020 年，农牧民人均纯收入接近全国平均水平，人民生活水平全面提升。基本公共服务能力接近全国平均水平，基础设施条件全面改善，生态安全屏障建设取得明显成效，自我发展能力明显增强，社会更加和谐稳定。确保实现全面建设小康社会的奋斗目标。这些目标，经过有关部门和西藏自治区的反复测算，是有实践依据的，经过努力是可以实现的。

原载《中国西藏》2010 年第 2 期

达瓦次仁的生活变迁

曲杰

克松村有个达瓦次仁

美丽的克松村，是西藏第一个进行民主改革的村庄，那里有飘香的油菜花开满山坡，有成群的牛羊撒落在田间地头，有勤劳智慧的人民在劳动时的欢声，还有一位致富能人——达瓦次仁。

前几天，笔者前往克松村采访，达瓦次仁恰好到邻村买豌豆去了。只见大院里牛、羊、猪进进出出，来买豌豆粉丝的村民也不少。走进他家的门，像是刚修建的新房，一栋具有藏南农家风格的花岗石楼房，房顶装饰着铁艺屋檐，在旧西藏，只有达官贵族才有资格如此装饰房屋。客厅里瓷砖铺地，雕梁画栋，几盆君子兰、秋海棠摆放在铝合金玻璃大窗前享受着美妙的阳光、绽放着鹅黄色的花朵。

客厅正面墙上，贴着一张有毛泽东、邓小平、江泽民、胡锦涛 4 人的大幅油画。右上方张贴着达瓦次仁的十多张荣誉证书。达瓦次仁的妻子尼玛卓嘎端着一杯酥油茶为笔者让座。她面色红润，有

尼玛卓嘎准备参加一年一度的“望果节”

点害羞的样子。她与达瓦次仁是同村人，结婚后，俩人风风雨雨好多年，共同创造了一个富裕幸福的家。

不一会儿，达瓦次仁风尘仆仆地回来了。与当地普通农民一样，他脸上刻着岁月的沧桑。听着我采访提的问题，他开始回忆自己创业的经历……

150 元取经 2000 元创业

达瓦次仁是靠父母借给他的 150 元闯荡拉萨，靠舅舅借的 2000 元搞起了多种经营，开办了豌豆粉丝加工厂、养猪场，种植各种蔬菜等，达瓦次仁家的好日子全来自他的能干和勤劳。

“我家里过去是很穷的，成家以后为了不让父母为大家庭的生活而苦恼，就狠下心与父母分了家。”用达瓦次仁自己的话说。前些年刚刚离开父母独立生活的时候，他的兜里从来没有装过 1 元钱，甚至想抽一包当时村里最廉价的“乌江”牌香烟也要用自己的口粮去换取。

分了家，自己的小家庭也有大小 4 口人，解决最基本的生活问题成了摆在达瓦次仁面前的头等大事。1993 年在乃东县昌珠镇开了一次脱贫致富大会，这次会议的主要内容是如何脱贫致富。达瓦次仁说，这一次的脱贫致富大会像是一场龙卷风，吹遍了雅隆大地，也吹醒了克松村的老老少少，村民们纷纷走出大山，去打工、经商，去闯外面的世界。

达瓦次仁也不例外，他很想到拉萨转一转，因为手头紧只好到父母那里借钱。“当时母亲和妹妹不赞同我的做法，但是，父亲点了

达瓦次仁的母亲正给在四川上大学的孙女格桑卓嘎打电话

达瓦次仁与客户谈生意

个头，把家里的全部积蓄150元颤颤巍巍地交到我手里。”达瓦次仁明白，自己无论如何都要用这150元改变家庭贫困的状况。

从小到大，达瓦次仁都格外向往拉萨。但这一次，他没有时间去朝拜名胜古迹。一到拉萨后，茶馆、饭馆、商场转了个遍，才意识到城市里的人喜欢吃的还是农家产品。当时他在拉萨最热闹的西郊夜市闲逛时，无意之中发现有人买了很多粉丝。经过询问，才知道，城里人吃火锅或煲汤时喜欢烫一些粉丝。路过八廓街时，看到那里卖饼干、牛奶、藏鸡蛋、土豆的农民数不胜数。只有一位卖豌豆粉丝的阿佳啦（大姐），达瓦次仁走上前好奇地一问，才知道她来自日喀则江孜县。那位阿佳啦说，一个月最少能赚5000元。也是从那个时候开始他认定了回家搞豌豆粉丝加工，走出一条属于自己的致富道路。

一个偶然的机会，拉萨的舅舅介绍他到一家食品加工厂当学徒，他从最基本的洗盘子、扫地做起，起早贪黑，认真学习技术技能，不到3个月的时间，他学会了各种食品加工，还学会了豌豆粉丝加工技能。

十几年过去了，那天的情景达瓦次仁仍难以忘怀，好像是昨天发生的事。他记得那天是星期五，太阳好极了，天空湛蓝如洗，他走进食品加工厂的大门，斜对门的宣传栏上写着：“由于厂子内部要调整，急需处理一些旧的机械，价格面议。”他看到后，转身就跑到舅舅那里借了2000元，从厂里廉价地购买了2台加工粉丝的机器，回到自己的家乡。从此，达瓦次仁推开了勤劳致富的大门。

创办粉丝加工厂

经过两年的摸索，1996年，达瓦次仁承包了村里的4间空房子。

在争取到地区农牧局2万元现金的资助下，开办了一家小型的豌豆粉丝加工厂，自己当起了经理。一年加工豌豆达2.3万公斤左右。这也是克松农民自己开办的第一家豌豆粉丝加工厂。

豌豆粉丝不仅口感好，而且还有一个久煮不烂的优点，因此。很受泽当、加查、贡嘎等地火锅店经营者的青睐。据达瓦次仁介绍，加工50公斤豌豆除了可以生产16.5公斤粉丝外，还能产出24公斤豆渣及大量的粉浆。为了不造成浪费，达瓦次仁自家饲养了18头猪，同时还以每桶1.5元和每斤0.5元的价钱对外出售粉浆和干豆渣。“他的聪明之处就在于赚钱上的‘连锁反应’。”采访中，克松村

在自家开办的豌豆粉丝加工厂干活

党支部书记边巴次仁禁不住插话。原来，夏季粉浆容易变酸，不宜多做粉丝加工，达瓦次仁又开始打起做凉粉生意的主意。达瓦次仁告诉笔者，每斤豌豆淀粉能出 1 斤粉丝，也能出一盆凉粉，1 斤粉丝 6 元，一盆凉粉可以卖到 15 元。当我们问达瓦次仁一天到晚忙忙碌碌累不累时，他说："生活充实了，身心都很愉悦。"

经过几年的艰苦奋斗，达瓦次仁在当地已算得上一个小有名气的老板了，厂房里多少也雇了些人，但他的身份始终像是一个工人，他从清泡到粉碎、过滤、澄粉、排水、晾干、过筛，再到加工、简易包装都干，基本上一天也不休息。

由于他很讲信用，加之粉丝质量好，目前在拉萨、山南、日喀则等地已有 98 家商店常年定点销售他家的粉丝。

帮助乡亲一起致富

"一个人有头脑和干劲是令人羡慕和钦佩的，我们村的达瓦次仁就是这样一个人，令父老乡亲打心眼里欣赏和称赞的，是达瓦次仁有一颗爱民之心。"克松村原党支部书记索朗顿珠说。

村民们听说达瓦次仁养猪赚了钱，既羡慕又心动，纷纷来向他取经学艺。热心肠的达瓦次仁深知贫困的滋味，他慷慨地拿出资金购买猪崽送给其他贫困户养殖，手把手地向他们传授养殖技术，并积极帮助他们联系饲料。他粉丝厂所需的豌豆大部分是从当地收购的，这也为村民们提供了一条增加收入的路子。

1998 年，首次尝到致富甜头的达瓦次仁深刻感受到是党的富民政策使他脱掉了贫穷的帽子。于是，达瓦次仁认真写了入党申请书，还主动承担起贫困户嘎多一家人的生活负担，义务帮其耕种、收割，为嘎多的女儿支付学杂费，还把嘎多本人安排到自家开办的豌豆粉

克松村致富能手达瓦次仁接受记者采访

达瓦次仁在自家温室里种菜

丝加工厂工作，管吃、管穿，每月还付给嘎多 260 元的生活补助，切实解决了嘎多就业无门、生活无着落的问题。

村里的拉巴多吉家也是达瓦次仁帮扶的对象。他出钱帮助拉巴多吉家购买了一头猪仔，并放在自己家的猪圈里进行育肥，出栏后只收猪仔的本钱，通过这种方式为拉巴多吉家积累了一定的发展资金。“随着自己经济实力的不断增强，我将逐步扩大帮扶范围，让更多的父老乡亲同我一样尽快发家致富”，达瓦次仁说。

1999 年，达瓦次仁如愿以偿，正式成为一名共产党员。

2001 年，达瓦次仁的年纯收入达到 3.6 万元，这对于一个农民来说，的确是一笔不少的收入。

把生意做得更大更好

2008年，达瓦次仁的人生又迎来了一次大的机遇。当时，作为对口支援乃东县的武汉援藏干部、乃东县委书记苏霓斌到克松村视察，了解到达瓦次仁的情况后，决定从资金、技术等各方面对他进行大力扶持。同年6月底，武汉市投入近12万元，建起了大棚蔬菜示范基地；地区民政部门投资18万元，新建了一间50多平方米的豌豆粉丝加工厂；昌珠镇投资6万元，建起了蘑菇种植示范基地。同时，他几次被送到乃东县农牧局等部门进行农牧技术培训。特别是书记苏霓斌还千方百计联系湖北有关部门，为达瓦次仁免费提供了内地先进农业地区最好、最优的种子，使达瓦次仁的大棚蔬菜具备极强的竞争力。

苏书记派达瓦次仁到湖北省武汉市学习蔬菜种植技术，这让他开阔了眼界，学习到了内地的经验和技术。成功总会光顾那些有准备的“幸运儿”。达瓦次仁的蔬菜种植获得了非常好的效益。在泽当新菜市场的各个路段，很多他的老朋友、老顾客，看见达瓦次仁的拖拉机“嘟嘟”而来，忙不迭地围上来，挑着自家需要的蔬菜，一会儿工夫，达瓦次仁的拖拉机就变得空空如也。昌珠镇党委书记丹吉说：“别说当地人，就连外地菜农也‘干不过他’，原因很简单，达瓦次仁的蔬菜很新鲜，价格却比市场价低一半。”

截至今年2月，达瓦次仁从经营蔬菜中就获利2.9万元。“我的经营范围还在不断扩大，今年我新买了90多头藏香猪崽进行短期育肥，出售一部分后已获利1万多元。我还在联系村里的一些养殖户，准备养几百只藏鸡。”达瓦次仁说。

在达瓦次仁的带动下，村民也都大胆的开始了多种经营。到2008年年底，克松村村民人均收入达到6380多元，其中现金收入为 4608 元。

盖起了二层小楼

如今，达瓦次仁一家住着二层小楼，占地面积 315 平方米，共有 13 个房间。由于平时家里只有达瓦次仁和妻子两个人，楼下的 3 个房间租出去开设了藏式茶馆。达瓦次仁说：“我每天站在院子里看这个新房子，心里非常高兴！”

达瓦次仁拿起计算器算了一笔账，他说修这个两层楼房总共花了 10 万元，家里用上了电灯，电视机、洗衣机、饮水机、热水器、冰箱、电脑、电话、VCD、电饭锅等各种现代化设备应有尽有。

达瓦次仁的妻子尼玛卓嘎带笔者来到距离新房 260 米远的旧房子，她说：“你看了我们的旧房子，就知道我们为什么这么高兴了。”

这是一个有 3 个房间的土坯房子，屋内低矮阴冷，需要弯腰才能进入房间。达瓦次仁说，最难受的是人畜混居，家里的 5 头黄牛和人睡的地方仅隔一道矮土墙，“黄牛经常从土墙窗户上伸进头来”。

如今，达瓦次仁一家的居住条件有了翻天覆地的变化。此外，院子里“哗哗”的自来水将达瓦次仁一家从繁重的背水劳动中解脱出来；沼气池清洁能源改变了家里的能源结构，结束了烧柴烟熏火燎的历史。

“我有两个孩子，儿子在拉萨服兵役，女儿在内地读大学，孩子争气，房子、票子也不缺！这些年的好日子，很多人认为靠的是我达瓦次仁的勤劳辛苦，但大家应该知道，没有改革开放这个大的环境，没有全国援藏这个大好条件，我就算是千面千手观音，也富不起来。也盼不到今天的幸福生活。”达瓦次仁很有感慨地说。

原载《中国西藏》2010 年第 4 期

高原汽车司机传奇

欧珠

按老辈人的说法，冬天的太阳有主人，特别是在西藏，这是一个喝茶、晒太阳、听故事的好季节。2009 年的冬天，我约了原拉萨运输公司的次仁、拉顿、刘师傅和钱师傅一起在老汽车四队的花园广场上“晒谈”长途汽车司机的生活。他们被称作“西藏好汉”“驾驶室的皇帝”，一群谜一样的人，是我心目中真正的“公路之王”。

次仁和拉巴顿珠是普普通通的藏族老人。而山东人钱师傅却很有些“来头”，有人在背地里叫他“嘎师傅”，指他像电影里的“张嘎子”一样顽皮有趣。一见面果然如此，只见钱师傅小个子、大嗓门，戴着一顶过时的“铁人式”鸭舌帽，看到我，给我掏出一张制作粗劣的名片，上面印着一行似通非通的汉字——“路路通退休余热参谋钱行义”，怎一个“嘎”字了得，听他讲自己的经历一定错不了。

20 世纪 70 年代初，客车行驶在色季拉山上。

“驾驶员哪有不适应的嘛？！”

首先开口的是平日木讷的次仁老人，他说在 20 世纪 50 年代，当汽车第一次出现在藏北草原的时候，淳朴的牧民们怜爱地称其为“不吃草的牦牛”，不知拿什么喂它好。当年，次仁和他的朋友们在隆冬季节过藏北“无人区”的故事今天听起来仍令人匪夷所思。那是 20 世纪 60 年代，他们一帮西藏民院的在校生和一些休假回单位的阿里干部经安狮路去狮泉河镇。虽然名字叫“安狮公路”，实际上当时是没有路的，司机在戈壁滩上自己摸索着前进。

钱行义师傅摸出一张他在阿里措勤县政府门前的照片，形象多少有些落魄，和他在别处拍的神采奕奕的留影差别不小，我知道那里生活艰苦。肯定受过很多苦，但钱师傅嘴巴硬："驾驶员哪有不适应的嘛？！没有问题。"但实际情况并没有他说的那么潇洒，"苦是真的苦啊，没吃没喝没住，我的原则就是能装车我就走，求爷爷告奶奶都行"。次仁师傅说："我们还要自己想办法解决很多意想不到的问题，比如说吧，那个时候汽油质量不行，渣渣很多，分离不充分，怎么办？我们就往油箱里面倒水。"

"西藏各地我都去过，墨脱我没有到，因为我是开车的（意思是那边还没有通车）"，钱师傅说得"最牛"的就是这句话。

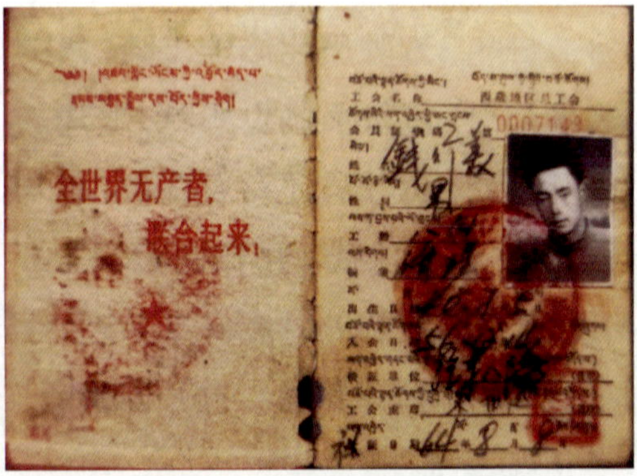

钱行义的工会证，1964 年 8 月 8 日换发。

钱师傅和他的爱车，1972 年"六一"儿童节在罗布林卡留影。

"自己的皇帝"

西藏早期的汽车司机被称为"驾驶室的皇帝"，支配着一定的资源，这是由于当时交通落后、物资匮乏等原因造成的。

老钱的同事刘师傅完全同意钱师傅的说法，他也是一个老西藏，在西藏待了 30 多年，是一个很有意思的人。当被问起最开始来拉萨时拉萨的样子，他介绍说，当时的拉萨市仅有一家国营供销社，一家国营理发店，一家国营澡堂，一家国营餐馆，街上公路也是破破烂烂，“跟现在根本没法比”。但那时候他们做司机的，是最幸福的一群人，因为拉萨市的姑娘们，择偶的标准就是要找一个汽车司机，“找老婆一点问题都没有”。原因也很简单，汽车司机们见多识广，另外还有很重要的一条，司机们从外地回到拉萨的时候，能给家里人带上一点在西藏吃不到的水果和新鲜蔬菜。“那时候的人，坐飞机回拉萨，什么都不带，包里全都是黄瓜西红柿什么的。我们开车回到拉萨，给别人送上一小把青菜，别人就感激得不得了。”回想那会儿的情形，刘师傅还十分感慨。

从收入上讲，司机们也是相对滋润的。刘师傅回忆，成都是西藏与内地之间的交通枢纽，在成都，西藏人花钱比较大方，再加上西藏高原的日光照射，这些人的皮肤显得很黑，因此成都人便把他们戏称为“土产华侨”。西藏来的司机性格粗犷豪爽，不重视钱财，痛恨虚伪和做作。另一方面，他们又是非常纯朴天真的，如果走到一个稍为讲究的场面，又会像一个孩子那样彷徨不安、手足无措。由于无法适应内地社会生活的复杂，很多司机甚至放弃到内地甚至到大城市工作的机会，宁愿重新回到那无拘无束的西藏高原。

吃苦耐劳“拉运人”

拉萨运输公司曾经是西藏的超大型企业，有过光荣的历史。关于“拉运司”，老职工拉巴顿珠绝对是“过来人”：“我 1948 年出生在江孜农村，16 岁到 19 岁时在江孜县江热乡当干部，上面对我挺好的，想培养我。穷苦人是革命的依靠对象嘛，县里打算让我去学车，但乡里不让，说还要提拔我，计划送我到内地上学，回来后使用。这样几番辗转，把我送到了拉萨，上了‘技工学校’，这个学校当时有学生 370 多人，西藏本地的第一代工人就是在这里培养出来的。我记得教我们最多的是理论，什么汽车的构造啊等等，在黑板上画，然后给我们讲。1967 年 5 月分配工作，10 月份正式上班，我们一部分留拉萨，一部分去昌都，一部分下格尔木，我被分到格尔木汽车一队当司机。头几年每月工资是 30 元，三年后涨到 36 元，1970 年 7 月份我就算是出徒了，调到拉萨运输总公司汽车一队工作，汽车一队当时由军队管，叫一营。我的师傅是个汉族老兵，叫范添彩（音），北京人，以前是边打仗边开车进来的嘛，他身上的勋章可以把一边的胸脯都盖满，对我这个藏族徒弟是非常照顾的。那个时候司机这个工作是非常光荣的。我们从柳园拉货到拉萨，车队一到郊区，欢迎的人群就敲锣打鼓等在那里了。真是那种‘彩旗招展，歌舞喧天’。我们司机都把半个身子探出来，一手握着方向盘，一手举着毛主席语录跟迎接我们的人打招呼，一路上吃的苦都忘得一干二净了。”

汽车四队成立以后拉巴顿珠被调到那里，重新分了新车，开的是解放牌。当时一个月工资还是不多，但每月还能省下一些，因为物价便宜，很多菜是几分钱、几毛钱的卖，五毛钱吃一顿饭就算是奢侈享受了。“那个时候什么囊玛厅、歌舞厅根本没有嘛，想花钱也没地儿去。白酒最多的是江津白酒，然后是二曲、三曲。抽的烟是劳动牌、飞马牌、大象牌，分锡纸包的和没有锡纸包的，都只要几毛钱，中华和大前门是最好的。我 1998 年退休的时候工龄是 31

年，退休工资是860元。现在的退休工资是差几毛1700元了。也有人问啊，说你是西藏的第一代工人，退休多年就这点钱，你是不是犯过什么错误？错误是没有犯，但当年的整个情况就是这样的，我们当时没有定级别嘛！但是话说回来没有我们当年的艰苦也就显不出现在的进步和发达是不是？所以改革开放的政策就是好，我不是1998年退下来的吗，工作压力减轻了，但经济状况还不大好。我想了半天，我一辈子都在开车，别的能耐也没有，趁现在身体不错还是继续摸车吧。这样我就贷款买来一辆二手车跑旅游了。我的性格可能也是长期开车养成的，就是万事不求人，一切靠自己的付出，从来没有向单位伸手要救济。好在身体没有大的毛病，那就一定要自己想办法往前奔，更不要说自己是老'党米'（党员）了。"

一旁的"老拉运"钱行义插话道："我比他早，我是1940年生人，1956年开始摸车，开过的车太多了，捷克的，苏联的，美国的，英国的，还有国产的解放、东风，南京嘎斯，日本三菱，五十铃都开过。我是支边来的，我开车前是修车的。我为什么要改行呢，驾驶员比修理工强，修理工就窝在那里，驾驶员满世界跑，修理工就是个死工资，驾驶员还有里程费。跑一趟柳园还有30多块钱。开长途实际上你也不用担心，你在野外轮胎坏了，老百姓放牛的放羊的都过来帮忙；断炊断粮了，路上的人都会尽其所有帮助，关系是相当融洽的。他们坐车我们也不收钱，收了是'资本主义尾巴'，谁敢！给你个烟抽就不错了。"

今年67岁的钱行义还在浪卡子县待过几年，给县领导开车。"但那个地方海拔太高，睡觉还可以，就是吃不下饭，实在不行我就调到拉萨了。"这是我第一次听老钱叫苦。"我前前后后调了14个单位，都是开车。实际上西藏的车况是非常好的。进口车都先跑西藏，

徐永顺一家

国产的解放车最新款的装备解放军，二类车就是直接给西藏的，后来的东风车，都有专门的高原型号。

“在拉运司吃的苦就多了，老婆没有汽车亲哈，我都想过能不能请姜昆给我们写段相声，讲我们西藏司机苦中作乐的故事。有一年我们在阿里的盐湖区被大雪围困半个月。不要说吃上饭，能在牧民的羊粪堆上眯一觉就幸福得不得了，能喝上牧民的酥油茶，哎呀，上了天堂一样。出来以后我们走到措勤到昂仁之间一座海拔 5000 米的山口下面，一个藏族司机生病了，这个荒无人烟的地方没医没药，他们问我说怎么办？我说不怕，我按照父亲小时候教我的办法对他进行针灸治疗，我让他们把缝麻袋的针拿来（只有这个），按照记忆中的穴位图给他扎针。没有酒精棉球怎么办，我就拿点大蒜，不能用刀切，怕有细菌污染。我拿手指头掰开它，涂在扎针的地方消毒。过了两天，他的病就好了。

“司机们是非常团结的。我们从拉萨出发时，四五辆车一起走，走到阿里，一个二三十辆车的车队就形成了，大家在一起互相好有个照应。那时候出个交通事故，处理起来快得很呢，所有的司机都会在第一时间把情况报告给相关单位，有时候比电报还快。遇到大的泥石流，一个车冲就行了，过去就过去了，过不去大家用钢丝绳把它拉回来，司机不用担心别人把他撂下不管。

“当然，快乐的日子也很多。措勤县出来 40 多公里的地方有一条河，唉，那条河好啊。我们停下车，把内胎绑在一起，上面放一块木板，我们用铁锹划水，到河里打鱼。那个鱼香得很呢。

“要说地盘，我们单位是最大的，当时拉运司有五个队、两个厂，是西藏的大型骨干企业，退休人员都有 2000 多人啊，不算去世的，每个队都近千人，那时候拉萨人口才多少？以前我们是计划经济，不管吃的穿的用的，（西藏的物资）从阿里到亚东到樟木口岸，都是我们跑。任务排得满满的。但是开放以后外省的车都进来了，特别是私人营运的汽车，他们没有负担啊，除了油钱和养路费其他不管，不像我们，历史包袱重，一辆车平均要养 5 个人，不管是修理工还是行政人员、后勤、退休的都得养。那我们肯定得败下阵来了。拉运司现在退休的有 2000 人，后来把我们退休的交到社保局以后，企业才卸下了大包袱。”

钱师傅说，他父亲给他取了个钱行义的名字，寓意就是行侠仗

西藏自治区成立前夕，拉萨新大桥通车。

义，在西藏的司机中，按他儿子的说法，钱师傅确实是个做人“很讲究”的人。那时候西藏的物资非常匮乏，钱师傅经常从千里之外千辛万苦带来一麻袋一麻袋的蔬菜、水果分给他的穷邻居们，解决了他们生活中的燃眉之急。

钱师傅的格言是“给别人方便就是给自己方便”。行车路上什么事情都有可能发生，都是互相帮忙才能解决的。可能是受了父亲的影响，钱师傅的儿子钱利军身上继承了父亲身上很多的特点，比如爱车如命（他经营着一辆东风130养家糊口），比如喜欢摄影（他还因此当过《西藏交通安全报》的摄影记者）。但他的修车技术可能暂时赶不上父亲，因为老钱师傅如今是“路路通退休余热参谋”（钱师傅名片上的广告语），小钱有一次在林芝地区巴河镇出差，车抛锚

欢送参加五届人大的西藏代表

了，不知道什么毛病，父子俩就来了一个“远程会诊”，老钱叫小钱让车子“响起来”，他通过电话一听就知道毛病在哪里，一通指手画脚。“问题就解决了”，老头就有这样的本事。老钱师傅退休以后就做了个“路路通退休余热参谋”的名片，半义务半热心地替新手们解决车的毛病。老钱说：“现在的车自身的毛病不多，多是人自己造成的。但我不懂电动车，喝油的车一般不在话下。”

原载《中国西藏》2010年第6期

那曲，牧民虫草季节里的生活

殊彬

5 月的藏北，雨水也多了起来。

那曲河峡谷中的牧草开始慢慢返青，成群的牛羊在山坡上吃着新鲜的嫩草，悠然自得。更让牧民高兴的是，又迎来了采挖虫草的季节。

5 月 26 日，笔者沿那曲河而下来到了那曲县尼玛乡，与牧民一起体验采挖虫草的生活。

那曲河的历史与地理

那曲河是怒江的上游，在不同时期有“哈喇乌苏”“嘉嫫俄曲”“黑河”“那曲”等不同的称谓，更有人考证那曲是《禹贡》所言之黑水。

行驶在那曲河畔，伴随两岸的秀美风光，黑河水蜿蜒奔流过雪山、草原、峡谷和牧人定居村庄，清晰的河岸线和圆润的怪石记录

生长在草丛中的虫草

着这条古老河流的沧桑岁月，清澈的河水透着碧绿。

沿那曲河行走的路途更有一处胜景——马蹄湾。过查龙电站走20多公里，那曲河划过一个优美的弧度，像马蹄一样踏在藏北草原上。马蹄湾虽然没雅鲁藏布大拐弯那样雄壮，但它那接近360度的水湾绝对称得上完美。马蹄湾里草滩上没有想象中应有的人文建筑，也不需锦上添花，那牦牛群就成了最好的点缀，藏北牧区的景色和生活气息就这样显露着自然与和谐。

尼玛乡海拔4200米左右，距那区县130公里，处于高山峡谷中，牧民居住较为分散，有9个行政村91个自然村，1160户5746人。

与乡政府接洽后，乡里安排兽防站干部珠扎陪同笔者到位于政府所在地北面的西莫果村进行采访。时间略晚，我们商量了第二天的行程后，就分头休息了。

旺布找到一根虫草，扎拉凑过来观看。

牧民们躲避冰雹

与村民挤在一起躲避冰雹

早晨 9 点我们骑摩托车出发。翻过一座山，溯一条叫当布曲的小河而上。但见山脚下五六辆摩托车杂乱地停放，远望山顶，隐约可见采挖虫草的牧民身影。

“我们往里面走，那边山好爬一些”。珠扎对这一带的地形较为熟悉。他告诉笔者，有些山比较陡，上是上得去，但如果山上下了雪，就下不来了。

自然形成的道路有些颠簸，但摩托车足以通过。不一会儿我们来到拉郎沟里的扎康巴山脚下，山上不远处就有牧民在匍匐前进，寻找素有“软黄金”之称的冬虫夏草。

当笔者喘着粗气，边爬边歇地来到采挖地点时，旺布已经采到了 12 根虫草，另一位村民扎拉上山不久，刚采挖到了两根。

“这里有虫草！”旺布就在笔者的附近发现了虫草。只见在他探着头的地方隐约有一个紫褐色、短短的小棍露出地面，那就是虫草的尾巴。找虫草也是一个技术活，如果眼睛不亮，是很难发现杂错于蔓草间、与泥土颜色相近的草尾的。

马蹄湾，那曲河的一个优美弧度。

笔者学着他们的样子，跪在满是灌木丛、杂草和牛粪的山坡上，恨不得鼻尖都贴在地上，却一直没有发现它的身影。珠扎也纳闷地说，去年还找到了几根，今天怎么就找不到呢！

找着虫草上山，慢慢就爬到了山顶。扎康巴山海拔 4800 米左右，俯望群山、河谷，甚为壮观。

时间慢慢到了中午，刚才还是艳阳天现在却一阵冰雹来袭。高原天气多变，熟悉天气变化的村民早有准备，大家拿出大塑料布，并招呼我们也过去躲躲。就这样，男男女女、大人小孩挤在一起，抽烟的抽烟，吸鼻烟的吸鼻烟，有的索性裹起藏袍躺在地上。

冷风携着冰雹噼噼啪啪地打在塑料“帐篷”上，头顶轰隆隆的雷声让不少妇女发出“啊默默”的惊叹。倒是小孩格外兴奋，挤来挤去发出开心的笑声。12 岁的嘎玛仁吉和 15 岁的普琼次仁就挤在笔者身边，看到相机里的照片，不时露出俏皮的笑。这两个小孩都挖到了 20 多根虫草。

冰雹持续下了半个多小时，群山瞬间变得雪白。钻出拥挤、憋闷的“帐篷”，扎拉伸伸腰，唱起优美的藏北民歌，歌声在山谷回荡。不远处另一伙人仍躲在“帐篷里”，不时传出爽朗的笑声。

冰雹过去，阳光透过云朵洒落下来，草地上的冰雹慢慢变软。人们散开来，又匍匐在地上，慢慢寻觅。

山下的老人与小孩

村民们要到晚上 8 点左右才会下山，我们决定到山下去找留守帐篷的老人聊一聊。

“刚才山上打雷，担心的很，害怕有人会被伤到。”今年 62 岁的达吉住在乡政府所在地，这个季节特意来照看孙女。

邻居的一个小男孩今天也托给达吉照看。小男孩眼泪汪汪，刚

嘎玛仁吉和普琼次仁

看护小孩的达吉

牧民们在寻找虫草

刚因为想妈妈哭过一场。达吉抱着小男孩，领着小孙女走进帐篷，赶紧倒碗水安抚小孩的情绪。

“过去，在西藏地方政府管理时，这个山上是不准挖虫草的。”达吉告诉笔者，一是人们担心挖虫草会招来自然灾害，加上差税够多了，没人去挖虫草。刚开始挖的时候还是人民公社的时候，供销社把虫草作为一种药材来收购，那时一斤虫草 7 元左右。随着经济社会的发展，人们生活的改善，虫草价格不断攀升，采挖虫草才渐渐成为牧民的重要生产活动。

达吉拿出油炸面食让我们品尝。挖虫草有两个多月的时间，帐篷里也备满了各种生活用品：饮料、啤酒、干肉等。

采挖虫草时，劳动力多少很大程度决定家庭收入的多少，因此每家每户除了年迈的老人和幼儿在家外，基本都出去采挖虫草了。

在另一个帐篷里，笔者还看到一个几个月大小的婴儿被裹在被子里，嗷嗷待哺，奶奶心疼地抱起小孩在低矮的帐篷里走来走去。

天色渐晚，采挖虫草的人们开始归来。达吉的儿子贡秋和儿媳麦卓颇有收获，挖到了40多根虫草。小女孩凑到妈妈身边，麦卓抱起她，一会儿又放了下来，她开始准备晚餐了。

虫草采挖回来还裹着一层泥土，趁天还没黑，牧民要剥去泥土，用牙刷刷干净，然后装在一个丝绸袋子里，慢慢阴干。

山谷里的帐篷炊烟升起，我们也踏上了返回乡里的路。

原载《中国西藏》2011年第5期

朗色林村朵朵村长一家的幸福生活

侯苗苗

7月3日，雨后的天空格外明亮，古老的朗色林庄园就矗立在眼前。朵朵村长家的小院位于朗色林庄园的正后方不远处。许多个世纪以来，住在庄园里的封建大贵族世代掌管着这片领地，直到新中国成立后，西藏民主改革完成，才有了村级行政单位的划分，成立了朗色林村。朗色林村依照地理位置被划分为三个组，每个组由组长负责。村委会位于二组所在地，即朗色林庄园旧址坐落的区域。朵朵便是朗色林村的现任村长。朵朵村长生于1962年，小学文化程度，党员。家里共有6口人，分三代，分别是朵朵及其老伴、30岁的儿子平措多杰、26岁的女儿康珠、23岁的女儿德吉措姆，以及平措5岁的小儿子，即朵朵的小孙子。朵朵村长告诉我们，家里除了他以外，还有一名党员，就是他的儿子平措多杰。朵朵的老伴操持

朗色林村的白塔

家务和务农，儿子平措初中毕业就没有再继续上学，如今一年有三个月在外打工，主要在山南地区的几个县，做的是组砖的活儿，每天有 60 元工钱的报酬。大女儿康珠在扎囊县的一个乡里当干部，小女儿则在拉萨念大学。当问及小孙子的妈妈在哪里时，朵朵告诉我们，孩子的妈妈还没有和平措结婚，平时住在扎其乡另一个村子里的娘家，有时候也会来这边住，孩子主要在爸爸这边生活。

相对于其他村民的家，朵朵村长家的房屋漂亮又整洁，总建筑面积有 192 平方米，宅基地总面积为 240 平方米。

朵朵村长正在制作酸奶

与大多数藏式民居一样，也分为两层，牲畜圈养在一层，人居住在二层。房屋建造于 2003 年，总共花费了约 2.5 万元人民币。国家推行安居工程的时候，他们对房屋重新进行了装修。七间房中，除了一间客厅、一间厨房、一间仓库外，朵朵及老伴住一间，平措与儿子住一间，两个女儿各住一间。

客厅有两台彩色电视机和一台影碟机，朵朵说电视平时可以收到 55 个频道的节目。平措有一台电脑，空闲时可以上网浏览，还有一辆属于自己的摩托车。有一台洗衣机，朵朵老伴洗衣服时常常用它。有一台冰箱，可以用来储存肉类和奶制品，还有一部固定电话以及四部手机（手机的主人分别是朵朵、平措、康珠和德吉）。有了这些玩意儿，朵朵家的生活在村里显得很是现代化。

家里从 2005 年开始有了入户管道，早早便用上了自来水。但据朵朵村长说，目前，每年依然还有两个月左右存在着饮水困难问题。5 月和 6 月的时候，自家田地需要的水多，家里生活便会缺水。主要的炊事能源是柴草和牛粪，有时会用到煤气，但是不多。

朵朵告诉我们，去年家里全年总收入接近 2 万元，主要是他的工资收入、平措的打工收入，以及家中农产品销售所得。朵朵家除了日常生活过得颇为现代化，农业生产也在很大程度上实现了机械化和现代化。1972 年家中就有了一台小型拖拉机，2009—2011 年，又先后购置了脱粒机、扬场机、大中型拖拉机等农用设备，实现了机耕、机电灌溉、机播和机收。2011 年，全家经营集体承包耕地 14.01 亩和温室 0.05 亩，实际经营林地 1 亩。种植的农作物和经济作物有小麦、油菜、白菜、土豆等。在满足自食的情况下，通过集市将油菜卖了，收入近 2000 元。全家月平均消费肉类 3 公斤左右，买来的肉类有冰箱储存。奶制品全家月平均消费量约为 2.5 公斤，

小孙子跟着朵朵村长一起送
我们到大门口

朗色林村妇女

全部为家养的 4 头奶牛供给。

朵朵告诉我们，他们全家都参加了农村新型合作医疗，每年每人缴纳 20 元；除了小孙子外，其余 5 人也都参加了农村社会养老保险，每年每人缴纳 100 元。他患有高原常见的高血压，是当时村委组织他们去县里体检时发现的，由于工作特别忙，一直没有时间专门治疗。他的老伴除了高血压以外，还有肾病和心脏病，曾经去拉萨住院治疗过肾病，住了七天医院，治疗费用总共花了 5000 元（含农村新型合作医疗的报销部分），病情有所好转。

我们访谈时，朵朵的儿子平措也坐在沙发的另一侧，不时地做些补充，小孙子则始终绕膝在旁，我不禁感叹朵朵尽享天伦之乐的幸福生活。朵朵笑着对我们说，他还有一个孙女——平措的小女儿，只有 4 个月大，现在和她的妈妈住在一起。我问两个孩子的爸爸妈妈准备什么时候结婚，朵朵说，明年吧。我问朵朵会不会担心变老，认不认为养老对儿女来说是很大的负担？他说，会担心变老，但国家现在有了养老保险，60 岁以后会发养老金，负担会比过去轻很多；也会担心生病，但如果生病的话，参加了“新农合”看病时国家给报销大部分。“我不希望变老，现在生活好了，国家对我们很好，我们还要好好活很多年。”

我请朵朵村长介绍一下村里的敬老院。他说，这个敬老院是扎其乡敬老院，1972 年成立，距今已经 40 多年了，除了本村的老人外，也住着附近其他村的老人。以前的房子破旧简陋，现在已经焕然一新。住在里面的老人大多是没有儿女的“五保户”，还有的是过去朗色林庄园里的老用人。敬老院里的老人生病的时候，医生一般会很及时地赶去医治，如果有需要，村里的车会送他们去医院。每隔一段时间，县里和乡里的医生会来给他们检查身体。敬老院吃住免费，国家还给敬老院里的老人每月发补贴款。村民们如果有空，有时也会去照顾一下，给老人们偶尔送去点吃穿用品。过藏历新年等节日时，民政部门会给老人们送去衣服、生活用品、食品等进行慰问。如果敬老院里的老人去世了，县里的民政部门会出资处理后事，村里人帮忙请僧人和天葬师。整个丧葬费用由民政部门出。

作为村里的领导，朵朵也经常去敬老院转转看看。现在敬老院里常住的老人有 12 位，虽然有些老人也有兄弟姐妹等亲戚，但是敬老院作为集中供养地，条件更好，也不需要干活，生活幸福很多，那些老人还是很愿意在敬老院里生活的。

朵朵介绍说，村里现在老人并不是太多，只要有儿女的，都会选择在家中养老。老人们有时会相约一起去转村里的白塔。在藏族老人看来，转白塔可以得到佛的护佑，可以治百病。他们喜欢三两相约，绕着白塔顺时针转圈，圈数为三或三的倍数。一圈又一圈的走动使全身得到一定程度的活动和锻炼，从而在客观上起到了日常保健的作用，同时，对于老人们而言，相约而行还促进了彼此的交流。适当的言谈和思考对减缓大脑退化亦有帮助。

朵朵最后说，希望年老以后能够得到儿女的照顾，不会如我们所问那样，“为了考虑减轻儿女的负担而住到敬老院去”。“因为儿女也会愿意照顾我们的，这是一种责任。”

原载《中国西藏》2013 年第 5 期

西藏边境人口较少民族聚居区见闻

多吉占堆　黄兴　薛文献

与封闭、落后的刻板印象不同，如今只要你走进雪域高原，穿梭于高原各民族的村落之间，就会被这里崭新的气象所感染。记者日前驱车数千公里，造访西藏日喀则、山南、林芝等地，重点探访了喜马拉雅山区门巴族、珞巴族及夏尔巴人、僜人等人口较少民族聚居区的生产生活情况，实地见证了西藏基层农牧区的发展现状。

边境地区的快速发展，正是西藏经济社会快速发展的生动注解。

今日西藏，正呈现出良好的发展风貌，经济快速发展，群众生活日渐改善，社会不断稳定繁荣，社会治理日趋成熟，各民族以开放的姿态走向美好明天。

樟木镇立新村：夏尔巴青年不外嫁

日喀则市聂拉木县樟木镇立新村地处中尼边境喜马拉雅山脉南麓，海拔仅有2000多米，气候温暖湿润，绿树成荫，蓝天碧水。这里也是夏尔巴人聚居的一个村落，具有浓郁的夏尔巴风情。近年来，依靠樟木国家级陆路口岸的地理优势，实现了大发展。

记者从拉萨驱车800余公里来到樟木镇，再从樟木沿盘山公路而上，道路异常颠簸，加之正处雨季，显得十分泥泞。不过越往上走，各式各样、颜色各异的尼泊尔特色房屋不断映入眼帘。山坡上尽是村民的住房，红的、蓝的、黄的，不一而定，仿佛从天上坠落的明珠。

同行的聂拉木县民族宗教局副局长扎西告诉记者，这都得益于国家“兴边富民”项目和援藏资金的资助。村里有44户村民各得到17万元的资助，建起了新房，告别了以前石头、木棍加铁皮的简易住房，住上了钢筋水泥的房子，结实又美观，抗震性能好。

普尔巴的“橡树庄园”家庭旅馆在村里十分醒目，远远望去，墙面一溜儿的乳黄色，窗户如彩虹般。走近前去，这座房子面向幽深的碧绿峡谷，房前空地上安放了一排西式休闲座椅，茶水、咖啡、饮料应有尽有。走进小楼，竟颇有几分大酒店的感觉。房间里有WIFI，推开窗是一片绿海，鸟语啾啾。旅馆里还设有酒吧，各色酒类都有供应。

记者见到普尔巴时，但见这个夏尔巴汉子身板硬朗、皮肤黝黑，显得十分精干，眉宇间目光坚定。他正趿着拖鞋，张罗着家庭旅馆的各种事务，脸上稍显疲惫。两年前，他拿出近百万元资金，精心建造了一幢前两层后四层的依山小楼，搞起家庭旅游，要“永续发展下去”。看到记者的相机好，普尔巴就不失时机地请我们拍摄一整

套家庭旅馆的大数据图片，准备用于今后的广告宣传。

身处中尼边境口岸，普尔巴从事边贸生意可谓是“近水楼台先得月”。这个夏尔巴汉子从中央民族学院毕业后到西藏社科院任职，后辞去公职投身商海，打拼多年攒下数百万家产。除了在立新村创办家庭旅馆，更是在寸土寸金的樟木镇买下房产，成为村里的富裕户。

现在的立新村，像普尔巴这样的人越来越多，有相当部分村民在樟木镇置下房产，当起了“包租公”，每年仅房租收入就非常可观。

喜马拉雅山脉南麓的西藏樟木镇

还有不少人开起饭店旅馆，经营商店，有的还买了汽车跑运输。现在村民年人均收入在 1.5 万元以上，涌现出一批“百万富翁”。

记者在村里采访时留意到，集体经济也是红红火火。走进立新村村办咖啡馆，外部装饰古朴典雅，内里环境优雅清新，散发着文艺气息的桌布与乳黄色墙体相得益彰，丝毫不输给大城市的精致咖啡馆。更为难得的是，顾客在这里可以品尝到正宗的尼泊尔餐食和饮品。

咖啡馆旁，还有精致的观景平台，上面放置了几张别致的椅子，对面便是葱郁的原始林区，看着十分惬意。立新村委会副主任巴桑指着观景平台告诉记者，村里这几年大力发展集体经济，不光有咖啡馆，还建起了洗车场等，都是直接从村里雇人，为一些致富能力差的村民提供工作岗位。

这揭示出立新村的今昔巨变。这个村子，过去孩童冬天都只能打赤脚去上学，糌粑吃不饱，生活凄苦。立新村和隔河毗邻的尼泊

“橡树庄园”的客房整洁透亮，周边景观秀美。

普尔巴在自家庭院内畅叙“橡树庄园”发展梦想

尔立宾村都是穷苦村子，两个村往来频繁、广泛通婚。但现如今，随着立新村的快速发展，村民的生活条件已大有改善，鲜有本地年轻人愿意到对面生活，通婚的绝大部分是尼泊尔人嫁到立新村来。

如今，樟木口岸边贸如火如荼，旅游业也风生水起，独特的夏尔巴风情让国内外游客流连忘返。为支持立新村发展，国家出资修建从樟木镇到立新村的公路。记者看到，这条连通外界的道路正在施工当中。路通后，立新村将大力发展假日休闲旅游业，村民们致富奔小康的信心十足。

错那县勒布沟：门巴藏汉一家亲

从山南地区驱车行驶半日，就来到错那县城，这里海拔达 4800 米，属西藏的高寒县。不过从县城继续行驶，连续拐弯、下降，就来到幽深的勒布沟。这里简直换了一个天地，因为海拔较低，气候温润，遍布着原始森林，一派亚热带风光，与苦寒的县城截然不同。

通往西藏错那县秘境勒乡的盘山公路

错那县亚玛荣物交会上，吉巴乡门巴族村民古如推销村里特产：糌粑、荞麦枕头、木碗、木桶等。

车子一路往沟底开，经过一大片茶田，有铁丝网围住，十分惹眼。同行的错那县民族宗教局局长次仁米久向我们介绍，茶田归勒门巴民族乡所有，这个乡的支柱产业之一就是茶业。全乡共有上百亩茶田，前年给群众分红超过 50 万元，去年乡里又开垦了 600 多亩茶田。

去往勒乡的路上，次仁米久还不断下车向我们介绍公路沿线的旅游景点，有壮观的瀑布、久远的历史遗迹、宗教活动场所和张国华将军指挥所旧址等等。勒布沟现在是国内自驾游热门景点，吸引了很多游客前来观光旅游，在前年柏油公路尚未修通时，就有近万名游客慕名前来。

过去，由于地处偏僻，勒布沟长期以来经济社会发育程度相对较低，群众生产生活条件十分有限，生活水平与西藏其他地区有着较大差距。现在，依托种植茶叶，发展旅游业，组织运输，加上国家和自治区对边境居民的政策性扶持，村民收入不断增加，生活节节攀升。

勒乡地处边境，有解放军驻扎于此。村民古如开了一家小商店，专门面向驻军官兵。他说，政府的补贴多，光补贴收入就有 1 万多元，生活上的变化特别大。自己快 60 岁了，很知足，“因为不可能有比现在更好的政策了，只要自己努力发展经济，日子总会过好。”

古如跟我们拉起家常，颇有感慨地说，以前门巴族男人的日常生活就是打猎、喝酒，而现在工种多了，有忙不完的活计，酗酒的人少了，荒废时间的人少了，勤劳致富的人多了。

村民和干部陆陆续续向记者述说着近年来的变化，乡里修建了完全小学，高中以下辍学的情况几乎绝迹；乡里今年 4 个门巴族大学毕业生都实现了就业；今年开始，每个村都配置了卫生室，村民小病不出村就可治疗；医保、社保实现全覆盖，全部由财政缴纳。

村民感激地说道，这一切都离不开党的好政策和县乡干部的努力。在勒布沟的短暂采访中，给记者留下深刻印象的莫过于这里的干群关系，在为群众谋发展的努力中，各族干部间结下了深厚的情谊，干部与群众之间沉淀出鱼水深情。

勒乡党委书记李佳，是一位“80后”汉族青年，看着瘦小羸弱，但爱民的情怀、清晰的思路、对乡情的熟稔，无不展示这名基层干部的作为与担当。记者注意到，李佳到村民家中，席地而坐，喝茶聊天，开起玩笑，全无芥蒂，气氛十分活跃。

李佳说，乡村两级党员干部经常到群众家中访贫问苦，切实帮助群众解决困难，群众对此赞不绝口，干群关系十分融洽。每逢年节，群众端上青稞酒，给乡干部敬献哈达。为减轻乡里的财政负担，老百姓还主动承担起卫生打扫工作，真正实现了干部群众一家亲。

米林县南伊乡：新时代的珞巴人

林芝地区平均海拔低，气候湿润，原始森林郁郁葱葱，风景秀美。其辖下的米林县南伊沟更是人间胜境，森林草地，泉水淙淙，美不胜收。这里也是中国人口最少的民族——珞巴族的聚居地之一。优美的风景加上独特的民俗，使得南伊沟成为热门旅游目的地。

每天，景区的电动观光车不断将游客拉来，南伊乡才召村的达布看得喜上眉梢，他希望再多来点游客，这样自己的农家客栈的生意就会越来越好。看准了不错的旅游前景，这名珞巴族汉子拿出5万元“老本”，又加盖了一间木头房子准备开始旅游接待。

说起来，达布很感谢游客带给自己的收入。靠着这份不错的收入，达布将两个儿女送进大学读书，女儿在南京医科大学念书，儿子今年从西藏大学毕业到朗县当了一名教师。儿女健康成长，家中也很殷实，电器一应俱全，收入可观，生活无忧，很有奔头。

在南伊沟里摆烧烤摊的村民雅夏，同样是旅游发展的直接受益者。食材都是自己家里产的，鱼也是丈夫从河里打上来的。一米多长的摊铺看着不大，但经济效益着实可观。“多的时候一天能有一千多元，少的时候能有三四百元，一年能有三四个月可做这种生意。”

琼林村的野猪饲养园也是游客们经常光顾的地方。精瘦、野性的南伊野猪让游客感到十分新鲜。除了参观，游客还可在此品尝纯正的散养的野猪。负责野猪园日常管理的达吉告诉记者，他家光靠卖烤野猪肉串，每年就有 8 万多元收益，还帮助村里三四个人在此就业。

南伊沟所在的米林县提出“嵌入式”的发展思路，将村镇整体发展与旅游业紧密联系在一起，带来了良好的效果，村民普遍从旅游业中受益。南伊乡党委委员尼玛仁青是一位有文化、朝气蓬勃的

号称“门隅佛牙”的勒乡洁净茶叶

南伊乡琼林村村民饲养当地藏香猪，做成风味独特的珞巴族烧烤，受到游客的青睐，经济收入可观。

珞巴族青年。他告诉记者，从游客门票中抽取的旅游惠民基金，每年可给每户家庭带来五六千元现金收入。

聪明的珞巴人远不止于此。在琼林村的珞巴族部落山庄，“文化旅游”渐成气候。山庄被布置成珞巴族文化民俗展示区，各种图片加实物十分形象，珞巴历史文化一览无遗。既推广传播了民族文化，也使山庄更有看点，游客竞相来到山庄吃饭、住宿，生意红火。

福建省第七批援藏干部、米林县委书记许永良说，“嵌入式发展”旅游惠民模式的探索与实践，让所有的村民普惠式地发展，让每个人都有参与的感受，全体村民实现了共同富裕。

如今，走在南伊乡，只见家家户户都住上了漂亮的小楼，家里都用上现代化电器。尼玛仁青说，因为南伊乡是人口较少民族聚居区和边境地区，这里的安居工程几乎不用老百姓自己掏钱，是“兴边富民”等多种资金整合起来支持的，村民都感激国家的好政策。

50 岁的达布深有感触，自己 20 多岁从深山搬迁下来时还是“刀耕火种”“刻木、结绳记事”的原始生活状态，如今的日子简直变化太大了，可以说发生了“几十年跨越上千年”的巨变，“现在的好日子，过去根本不敢想，就像换了天地一样。”

察隅秘境：僜人拥抱新生活

从林芝地区行署所在地八一镇一路向东、向南，越野车沿着平坦的柏油路翻山越岭两天后，可抵达喜马拉雅山脉东端的察隅县。这里海拔更低，森林密布，山清水秀，一幅亚热带的暖湿景象。从县城出发，沿弯弯曲曲的山道再往南行驶几个小时，就来到国内最大的僜人聚居地——下察隅镇。

僜人俗称“僜巴”，在中国境内有 1000 多人，分布在上、下察

察隅县下察隅镇沙琼村僜人阿鲁松家的牛头展示墙

隅镇的 9 个村庄。僜人有自己独特的语言，属汉藏语系藏缅语族，但没有文字。僜人服饰十分独特，妇女一般戴一对银制喇叭型耳环，颈项挂串珠或银饰；男子头上盘着黑帕，挎五六十厘米长的砍刀，十分威武。20 世纪 50 年代，僜人还处在“刀耕火种”“结绳记事”的原始社会状态。

1959 年西藏民主改革后，人民政府在平坝上为僜人盖了新房，并陆续把他们从深山老林中迁出来，学习在平整的田地里种植玉米、青稞、水稻等作物，从此僜人开始了现代文明生活。

在僜人新村，一条宽敞平坦的水泥路通到家家户户的门口，路边的太阳能路灯整齐挺拔，一座座掩映在绿树丛中的木结构楼房靓丽别致，房舍周围花草繁盛，远处梯田层层，处处焕发着生机和朝气。村旁的贡日嘎布曲水欢快地流淌着，青山将新村紧紧环抱，房前屋后芭蕉树等亚热带植物绿意盎然，热情的僜人新村村委会主任夏电夏正领着村民建围墙。他这个很有特色的名字经常见诸各类媒体，可以说现在他已经取代曾经“带着腰刀上飞机”的阿鲁松，成为僜人中的头号“名人”。夏电夏兴致勃勃地领着我们参观倾注他大量心血的僜人民俗文化陈列馆，尽管空间有限，但里面设立了生产生活器具、手工艺品等展厅，可以直观展示僜人的历史和民俗文化。近年来随着旅游业的发展，特色鲜明的僜人文化被越来越多的外地游客所熟知。为此，村里还组建了民族歌舞队，在传承、保护民族歌舞的同时，吃上了“旅游饭”。

僜人村的变迁，折射了西藏社会历史发展的清晰脉络。历史上，僜人大多生活在深山老林，使用十分简陋的生产工具，用“刀耕火种”的方式种植玉米，粮食产量很低。一年中有八九个月的时间缺粮，就要靠采集野菜、野果和树叶及狩猎维持生活。他们还受到歧视，被蔑称为“猴子”或“野人”。

1963 年，党和政府派来了工作队，走入深山老林劝说僜人走出深山定居。从 1966 年到 1968 年，国家在察隅河谷两岸的台地上为僜人盖了新房，动员当地藏族群众和驻军官兵帮助僜人生产和改善生活。下山后的僜人与当地藏族居民、汉藏干部、部队官兵交往日益密切，年轻人很快学会了说藏语和汉语，学会了开荒种地，学会了新的农业生产方式，买卖婚姻等陈规陋习逐渐绝迹。

几十年来，党和政府一直在帮助僜人改善生产、生活质量。仅住房一项，就进行了至少三次大规模的翻修改建。2006 年，当地政府在保留传统民居建筑文化的基础上，优先在僜人新村实施了安居工程建设，全村 63 户民房完成改造。从 2010 年开始，又实施人居环境整治和庭院改造项目，在主体建筑之外新建了大门、伙房、仓

勒布沟里飞泻而下的瀑布，是游人难以忘怀的景致。

库、猪圈、晒谷场和垃圾处理池，还陆续建起了洗澡房，僜人的人居环境得到显著的改善。一些有生意头脑的人家率先建起花园式“农家乐”，吸引游客赏僜人民俗，听僜人歌曲，吃僜人手抓鸡肉饭，喝鸡爪谷酒，进而实现了不菲的经济收入。

我们随意走进几家僜人院落，发现家家户户都喝上了干净卫生的自来水，用上了太阳能照明灯，看上了电视，听上了广播……村里还建有“农家书屋”，村民足不出村就可以了解到外面的世界，学习到科学文化知识。大家在闲谈中透露，过去僜人习惯比谁家宰的牛多、比谁家买的麦子多，而现在则比谁家房子修得好，比谁家置的家具和电器多，比谁家子女懂的科学文化多。

夏电夏表示，现在僜人的温饱问题已经得到解决，但群众的收入水平在西藏还不算很高，今后还要继续拓展收入渠道，特别是增加现金收入，让大家的日子过得更好。

原载《中国西藏》2015 年第 3 期

拥抱新生
——四位普通西藏人的历史记忆

多吉占堆　薛文献　黄兴

3 月 28 日，西藏百万农奴解放纪念日。

高原大地桃红柳绿，阳光明媚。河谷、山间，农民正在犁开沉睡的土地，牧人赶着牛羊，徜徉在蓝天下……

拉萨市堆龙德庆县马乡设兴村。91 岁的卓玛玉珍老人坐在铁灶边，吸着鼻烟，不时端起温热的青稞酒喝上一口，时光宁静而悠长。

拉萨城。62 岁的桑珠在自治区藏医院接受药浴治疗后，回到家里喝两杯甜茶，打理一下珍爱的登山纪念藏品。

日喀则市白朗县嘎东镇责热村。53 岁的罗布丹增穿着浅蓝色工作服，在“罗丹糌粑加工厂”里挨个查看水磨的运转情况，边走边盘算着再建 100 座水磨的选址、资金等事项。

西藏自治区藏医药研究院。48 岁的次旦久美来到办公室加班，撰写“西藏藏医药数字化”项目申报书，整理“钦绕罗布大师选集”

今日设兴村（多吉占堆摄）

相关资料，桌子上、沙发上堆放着厚厚的资料。

56 年前，声势浩大的民主改革运动如春风拂过万里高原，维系上千年的封建农奴制度土崩瓦解，百万农奴翻身得解放，第一次拥有了属于自己的土地和牛羊，千千万万的西藏人从此改变了命运……

翻身

【历史】1959 年 3 月 10 日，西藏地方政府和上层反动集团撕毁“十七条协议”，发动全面武装叛乱。3 月 28 日，国务院发布命令，“除责成中国人民解放军西藏军区彻底平息叛乱外，特决定自即日起，解散西藏地方政府，由西藏自治区筹备委员会行使西藏地方政府职权”。4 月 28 日，第二届全国人民代表大会第一次会议作出关于西藏问题的

2015 年 3 月，91 岁的卓玛玉珍老人在家里休息。（普布扎西摄）

决议，“根据西藏广大人民的愿望和西藏社会经济文化的特点，逐步实现西藏的民主改革，救西藏人民于水火，以便为建设繁荣昌盛的社会主义新西藏奠定基础”。

【岁月】卓玛玉珍在 35 岁这一年，感觉到了生活的巨变。

她所在的设兴村，位于拉萨西北 40 多公里处，村后是红色的拉龙白朵山（盛产红色黏土），村前屋后有大片的古树林，一条小溪自村中流过。这里是十四世达赖喇嘛母亲的庄园，全村有 22 户人家，其中 18 户是农奴，4 户是家奴，总人口不足 120 人。

卓玛玉珍从十几岁起就给庄园干活，天不亮就出门，入夜才能回家，春种秋收，背粪、挑水，什么都干，双手常年皲裂，常常遭到监工的皮鞭抽打。食物只有糌粑和白水。“糌粑不敢多吃，吃多了又得去借，永远也还不完”。“最难受的是秋天，眼看着青稞丰收了，但没一颗是属于我的，辛苦了一年都是别人的，身、心都特别累。”她说。

这一年，在拉萨河谷大大小小的贵族庄园里，昔日低人一等的农奴在党的领导下，将领主的地契、文书、账目付之一炬，还把领主、贵族家的房屋、田产悉数分发。人们捧着哈达，喝着青稞酒，载歌载舞。

就像一场透雨浇过干涸的田野，终日凄苦的卓玛玉珍盼来了人生的春天：“过去我整天辛苦干活，但还是吃不饱饭。土地分完后，我头一回做了土地的主人，无论收获多少粮食，都是自己的，这个最开心。”民主改革前，设兴村粮食亩产仅为 50 公斤，民主改革当年，亩产达到了 150 公斤。

由于地位卑微，卓玛玉珍没有经历一个值得记忆的婚礼，成家后所生的几个孩子也因种种原因先后夭折了。这成了她心头永远的痛。

在后藏日喀则宁康村，6 岁的桑珠整天在山坡上放牧，有四五十只羊、十几头牛。爷爷和父亲也在为牧主放牧牛羊，尽管牛羊成群，但没有支配的权利。对于这场波澜壮阔的民主改革，此时的他还没有更深的体会，也没有更多的记忆。唯一感觉到的是吃的比以前多了一点儿，后来所放的牛羊中也有一些是属于自己家的。

奋斗

【历史】1965 年 9 月 1 日至 9 日，西藏自治区第一届人民代表大会第一次会议在拉萨召开，宣告西藏自治区正式成立。9 月 14 日，西藏自治区人民委员会举行首次会议，

2015 年 3 月，62 岁的桑珠在登山纪念藏品前回忆登顶珠峰的时刻。（普布扎西摄）

正式履行自己的职权。会议要求各级人民委员会（或人民政府）和各级干部大力推动西藏社会主义建设有重点地积极进行，进一步巩固和加强祖国的西南边防，进一步开展互助合作运动，发展农牧业生产。高原人民一片欢腾，庆祝翻身农奴当家做主的新时期的到来。

【岁月】宁康村所属的甲堆人民公社有一所民办小学，14 岁的桑珠渐渐懂事了，多年的放牧生活让他很是乏味，学校的诱惑一天比一天强烈。经不住孩子的再三恳求，父母把桑珠送到了学校。

学校主要教藏文，写藏文要用竹笔，蘸着墨水，在画上格子的木板上书写，一天中反复擦、写。桑珠珍惜机会，学习很用功。农村的教学条件简陋，桑珠自己做墨水：抠下厨房牛粪炉上方房梁上沾的烟渍，加点皮胶和水，在火上熬制。

两个月的时间一晃而过，桑珠学会了 30 个藏文字母、4 个元音及简单的拼写，并且可以离开木板直接在纸上书写，老师评价他“成绩非常好”。就在这时，家里让他回生产队参加劳动，挣工分。从未上过学的父母并不理解教育的意义，说“上什么学呢？填饱肚子要紧”。没办法，桑珠只好离开学校回家。

1969 年，正在生产队干活的桑珠偷偷报名参军，来到位于藏北的那曲军分区，成了一名真正的军人。在军营里，他经受了种种考验和锻炼，也慢慢学会了藏文和汉语文。

5 年后，桑珠迎来他一生中最重要的转折：入选中国登山队，准备在次年攀登珠穆朗玛峰。经过严格的高强度体能训练后，桑珠于 1975 年 3 月来到珠峰大本营，最初分配在修路队，后因表现出色，被抽调到突击队。在第二次突击登顶时，队伍遭遇副政委邬宗岳滑坠罹难、迷路折返等打击，背着金属梯的桑珠一度登到 8680 米的高度，但最终还是无功而返。在最后一次突击登顶时，桑珠成为 18 名突击队员之一，背负两瓶氧气和行李，再次抵达突击营地。

5 月 27 日 14 时 30 分，桑珠终于和 8 名队友一道胜利登上珠峰。他从背包里取出一面国旗，和罗则、索南罗布一起高高举起，留下了永恒的瞬间，流下了激动的热泪。

在地球之巅，他和队友一起树觇标，完成了珠峰测高、人类首次在珠峰顶上进行心电图测试等壮举。之后，珠峰“九勇士”到各地做报告，全国掀起向登山英雄学习的热潮，翻身小农奴迈上了他人生的第一个顶峰。

此时，在年楚河边，白朗县嘎东区贵热公社，13 岁的罗布丹增正挥汗如雨，施肥、灌溉、除草，在庄稼地里忙碌着。两年前，他

桑珠 1975 年 5 月 27 日在珠峰顶上（新华社资料照片）

曾到学校学习了三四个月，只学完了藏文字母，连名字都不会写，就被家里拉回去参加劳动。因为哥哥在内地上学，母亲怕他上学后也到内地，不能长期与家人团聚相守。

一个时代有一个时代的局限性。在堆龙德庆县嘎冲村，8 岁的次旦久美因家庭出身不好而无法入学。他每天和 3 个同龄小伙伴一起给生产队放羊，最多时有 1000 多只。六一儿童节，看到小伙伴们戴着红领巾在学校里又唱又跳，他深受刺激，回家就哭，母亲也没办法，就用红绸子给他和弟弟分别做了一条红领巾，两个孩子每天一回家就戴上，晚上睡觉也戴着，早上出门才摘下。

创业

【历史】1978 年 12 月 18 日至 22 日，中共十一届三中全会在北京召开，作出了把党和国家工作中心转移到经济建设上来、实行改革开放的历史性决策。1980 年 3 月 14 日至 15 日，中央召开第一次西藏工作座谈会；1984 年 2 月至 3 月，中央召开第二次西藏工作座谈会。西藏各级党政组织大力拨乱反正，认真落实政策，积极发展各项生产建设事业，西藏进入了全面开创社会主义建设的新时期。

【岁月】1979 年，就在落实政策的当年，12 岁的次旦久美和弟弟、妹妹同时入学。母亲借钱给兄弟三人做了崭新的衣服，还雇了马车，在开学那天把他们送到学校。次旦久美说：“妈妈做了一个黄色的挎包，上面还有五角星，

2009 年，国医大师强巴赤列（中）向次旦久美（右二）等弟子传授医技医术。（次旦久美提供）

可以光明正大地在校园里戴红领巾，心里那叫一个高兴啊！”

由于常年放羊没有看过书，入学第一个月，次旦久美几乎什么也不知道。但从第二个月开始，他想起了幼年时爷爷逼着自己学会的藏文和背诵的文法等知识，学习突飞猛进，一个学期后就跳到了三年级，第二年开学就跳到了五年级，而且一直是班上的第一名。上学仅两年，他就小学毕业上了县中学，并在 1983 年考入西藏藏医学校。

藏医药是西藏传统文化宝库中的瑰宝，充分展现了藏族人民的聪明才智和悠久灿烂的文明。兴办藏医学校，是国家重视民族传统文化保护和传承的重要举措。最初想到西藏大学学习藏语文的次旦久美，阴差阳错地成了西藏藏医学校的第一批学生。

1993 年，强巴赤列大师（右）向次旦久美口述自己一生的经历。（次旦久美提供）

入学后，酷爱学习的他如鱼得水，不分白天黑夜，努力学习藏医药知识。即使放假，他也在家乡的小河边不停地背诵，乐此不疲。三年间，除了上课做作业，他将 20 多万字的《四部医典》和 300 多种藏成药药效全部背诵下来，以优异成绩毕业并进入西藏自治区藏医院工作。

借助上学时奠定的扎实基础，为人谦和、工作踏实的次旦久美先后在藏医药临床、学术研究、藏药炮制、新药研制等多个岗位上工作，并到华西医科大学学习进修，积累了丰富的知识。1993 年，经过严格的筛选，他被时任藏医院院长、当代“中国国医大师”强巴赤列选为徒弟兼秘书，得到跟从大师深入学习的机会。

“7 月 8 日这天，院长专门做了人参果饭等最吉祥的饭食，我向院长磕了三个头，献上哈达，就意味着正式拜师了，那是我人生又一个更重要的转折。”次旦久美对这个特殊的日子记忆犹新。

这年春天，40 岁的桑珠再次肩负起一项重要使命：带领“中国西藏攀登世界 14 座海拔 8000 米以上高峰探险队”，第一次走出国门，到尼泊尔攀登安纳普尔纳峰和道拉吉里峰，一举成功。

此后 5 年间，桑珠和队友们连年征战，先后深入到西藏、新疆以及尼泊尔、巴基斯坦境内的喜马拉雅和喀喇昆仑山区，爬冰卧雪，不畏艰险，先后登顶希夏邦马峰、卓奥友峰、迦舒布鲁姆 II 峰、马纳斯鲁峰、南迦帕尔巴特峰、干城章嘉峰、洛子峰等 7 座高峰，在世界同行面前展示了中国登山人的技术实力和精神风貌。

1999 年 5 月 27 日晨，珠峰大本营，已经担任西藏登山队队长的桑珠手握对讲机，静静地遥望着珠峰之巅。此时此刻，10 名队员正在一步步向顶峰迈进。8 时 02 分，边巴扎西率先登顶。之后，全体队员陆续登顶，并在顶峰采集第六届全国少数民族传统体育运动会圣火火种——“中华民族圣火”。这可是世界体育运动史上的第一次，也是珠峰顶上的第一次。

各国登山者和旅游者以及当地藏族群众从四面八方赶来祝贺，桑珠为他的队友备感骄傲：“24 年前，我登上珠穆朗玛。今天，我的 10 名队员又一次把五星红旗插到珠峰顶上。我为中华民族不畏艰难、顽强拼搏、奋发图强的精神感到自豪！”

一个开放、包容的社会，既能给各类人才提供发展、创业的机会，也能让社会生产力、群众的创造力得到充分的解放和提升。就在桑珠和队友们走出国门向新的登山纪录发起冲击的时候，罗布丹增也在家乡的土地上开始了新的“征程”。

他所在的白朗县是西藏的“粮仓”，自 80 年代初包产到户以来，

罗布丹增的“罗丹牌”糌粑早已进入超市，销往全区，供不应求。（多吉占堆摄）

2015 年 3 月，53 岁的罗布丹增穿着制服，在糌粑加工厂里挨个查看水磨的运转情况。（普布扎西摄）

家里承包了20多亩地，温饱问题解决了，但富裕还远远谈不上。1988年，他和邻村的宗吉结了婚，随着6个孩子相继出生，日子又开始紧张起来。光靠种地肯定是不行了，头脑精明的罗布丹增找到了发展的门路：1993年，他贷款4.8万元买了一辆卡车跑运输，同时拉一些日用品卖到村里乡下，很快就成了当地最早的“万元户”。

不过，当时的村民还没有多少现金收入，买东西只能用粮食交换。几年下来，罗布丹增家里竟攒下11万公斤青稞，将300多平方米的一层楼堆满，连家人住宿都成了问题。后来他多次将青稞运到拉萨古荣乡的糌粑加工厂，期间突然开窍：“自己也可以开一个糌粑加工厂，磨出更可口的糌粑！”

说干就干。1999年，罗布丹增从拉萨买来水磨，开始磨糌粑，但味道一直不理想。这位朴实的藏族农民认准一个理：别人能做到的，我也一定能做到。他花费三四个月时间，消耗掉1万公斤的青稞，罗布丹增终于磨出了理想的糌粑。

此后，罗布丹增的糌粑加工厂规模越来越大，“罗丹牌”糌粑名扬西藏，远远超出他最初的设想。

收获

【历史】2001年6月25日至27日，中央召开第四次西藏工作座谈会，确定了“一个中心，两件大事，三个确保”的新时期西藏工作指导思想。2005年7月，《中共中央、国务院关于进一步做好西藏发展稳定工作的意见》确定了西藏现代化建设的历史坐标，描绘出推进西藏繁荣进步和人民幸福安康的壮美蓝图，吹响了建设团结、民主、富强、和谐的社会主义新西藏的进军号角。2010 年 1 月 18 日至 20 日，中央召开第五次西藏工作座谈会，全面总结了西藏发展稳定取得的成绩和经验，深刻分析西藏工作面临的形势和任务，明确当前和今后一个时期做好西藏工作的指导思想、主要任务、工作要求，对推进西藏实现跨越式发展和长治久安作出了战略部署。

【岁月】60 岁时的卓玛玉珍老人身体依然很硬朗，还能经常下地干活，可惜丈夫不幸去世，妹妹的女儿米玛仓决一家就和她住在一起，照顾她起居，一家老小，其乐融融。

光阴荏苒，56 年的幸福时光显得是那样的短暂。如今的卓玛玉珍老人，早已从旧社会所住的牛羊圈搬进了宽敞明亮的藏式二层小楼，每月能领取政府给予老年人的生活补贴，衣食无忧，安享晚年。

经历过寒冬的人，才更懂得阳光的温暖。当记者想听到更多过去的事情时，老人显得有些不爽：“谁愿意想起过去的事？不想回忆！一想起来就生气，心寒。”

当我们结束采访的时候，老人缓缓地摇起了转经筒，阳光照了进来，她脸上的皱纹好像也舒展了开来。她很认真地告诉我们：“幸福是什么？幸福就是生活在自己的土地上，喝着家乡的水，吃着家乡的粮食，守着家乡的规矩。”

桑珠于 2013 年退休了，喜欢穿着抓绒服、冲锋衣，脚踏徒步鞋，行走在拉萨的大街小巷。他在楼梯间做了个橱柜和展示墙，有大大小小的照片，有各类登山纪念品，有曾经用过的各种登山装备。几十年辉煌的登山生涯，似乎就浓缩在了这方寸之间。

2000 年后，他率队继续攀登剩下的布洛阿特峰、马卡鲁峰、乔戈里峰等3座高峰，在付出队友仁那遇难、边巴扎西重伤的沉重代价之后，这支不屈不挠的队伍最终在2007年7月12日成功登上最后一座高峰——迦舒布鲁姆I峰，次仁多吉、边巴扎西和洛则实现了14座高峰的大满贯，创造了以集体形式攀登全部14座高峰的世界登山新纪录。

这一天，在巴基斯坦境内的大本营，桑珠一会在帐篷里沉思，一会在外面观察天气，一会拿着对讲机跑到附近的山坡上呼叫。队伍登顶后，他脸上洋溢着孩童般的激动："我们终于成功了！我太高兴了！"

作为一位从农奴家庭走出来的孩子，几十年来，他通过自己坚持不懈的努力和奋斗，登上一个个人生的台阶，最终成为世界上唯一一位带领一支队伍成功登顶14座8000米高峰的英雄队长，成为享誉国际同行的登山家，在人类登山史上留下鲜明的印记。但他心里很清楚："没有西藏的现代化发展，没有祖国的强大，单靠我们几个人，创造不了这样的奇迹。"

在如今的后藏大地上，提起罗布丹增，几乎无人不知。走进位于嘎东镇贵热村的糌粑加工厂，一排排现代化厂房、办公用房错落有致，厂区内道路宽敞，绿树环绕，流水潺潺。会议室内摆放、悬挂着企业这些年获得的各种奖牌、奖状和锦旗。特别是罗布丹增在2003年获评全国劳模、2007年当选党的十七大代表到京参会、受到党和国家领导人接见的照片，显得格外醒目。

我们问起企业的经营状况，罗布丹增回答道："现有水磨100座，员工84人，日产糌粑50吨，产品销售到全区各地，供不应求。全部资产五千多万元，年产值也有四五千万元。"

2006年，罗布丹增曾遇到前所未有的资金困难，当时账面上没有一分钱，一直持续了 3 个月。“各级党委、政府和有关部门给了我大力的支持，协调无息贷款，减免税收，提供各类资金、项目等支持，帮助我渡过了难关，我非常感谢！”他说：“知道我手头没钱不能及时支付青稞款，父老乡亲还是纷纷把自家青稞送过来，让我先欠着，等有了钱再给。”

发展起来的罗布丹增没有忘记过去，他乐善好施，每年都出资为村镇办好事、实事，以较高的价格收购青稞，工人工资也给得比别处高，让更多的乡亲受益。“如果没有改革开放以来的好政策，企业不会发展得这么好。”他说。

当然，没文化一直是他的“软肋”。这位驰骋商海的佼佼者心里很清楚：“我没上过学，识不了几个字，所以就要求孩子们最低也必须大学毕业。”如今，他的孩子们有的已经大学毕业参加了工作，有的正在上大学，还有一个正在读高中。从北京交通大学毕业的长子扎西顿珠，放弃公务员身份，回家帮助父亲，利用学来的现代经营理念和技术手段管理糌粑厂。

知识改变命运，付出总有回报。从 1993 年到 2006 年，次旦久美在强巴赤列大师身边工作学习，勤奋耕耘，从藏医理论到临床实践，从课题研究到藏药炮制、著书立说，他进行了全面系统的学习，各方面得到很大的提高。“院长心地善良，学识渊博，高风亮节，是我学习的榜样。这些年我一直在追随他的脚步，享受着知识带来的恩赐。”次旦久美说。

从 2006 年开始，次旦久美回到西藏自治区藏医药研究院工作，担任文献研究所副所长，开展了一系列工作：坚持临床门诊，擅长对乙肝、胃、肺、脑出血等疾病的治疗；坚持学术研究，传承国医大师的学术思想和诊疗经验，先后出版专著 11 本，其中用一年多时间撰写的《国医大师强巴赤列亲授藏医药读本》一书，可谓国医大师一生心血的集大成者；多年代师授课，到各地培训基层藏医药人才，研制“肝益康”新药，为患者减除病痛……

2011年2月24日，强巴赤列大师走完83年的不平凡人生，驾鹤西去。在此之前的5年多时间里，次旦久美几乎每天都要去探望老人家。在大师离世前住院的近一个月时间里，他日夜陪侍在身边，为恩师养老送终。

多年来，次旦久美获得了很多次国家级、自治区级重要奖项，在藏药材识别等多次专业测试中取得好名次。去年，他顺利通过了正高职称的评审程序，只待最后的审批。

“现在回过头来看，我是真的赶上了好时代。如果没有西藏教育事业的大发展，如果没有国家和社会重视藏医药的大环境，如果没有跟随国医大师学习的机会，我不可能有今天。”次旦久美说。

昨夜一场春雨，古城拉萨碧空如洗，和风日丽。

这是一个生机勃勃的春天！

这是一个充满希望的季节！

原载《中国西藏》2015年第4期

中央第六次西藏工作座谈会在北京召开

中央第六次西藏工作座谈会于2015年8月24日至25日在北京召开。中共中央总书记、国家主席、中央军委主席习近平出席会议并发表重要讲话。习近平强调，要以邓小平理论、“三个代表”重要思想、科学发展观为指导，坚持“四个全面”战略布局，坚持党的治藏方略，把维护祖国统一、加强民族团结作为工作的着眼点和着力点，坚定不移开展反分裂斗争，坚定不移促进经济社会发展，坚定不移保障和改善民生，坚定不移促进各民族交往交流交融，确保国家安全和长治久安，确保经济社会持续健康发展，确保各族人民物质文化生活水平不断提高，确保生态环境良好。

中共中央政治局常委、国务院总理李克强就推进西藏和四省藏区经济社会发展作了讲话。中共中央政治局常委、全国政协主席俞

习近平在中央第六次西藏工作座谈会上发表重要讲话（来自新华图片库）

正声在会议结束时作了讲话。中共中央政治局常委张德江、刘云山、王岐山、张高丽出席会议。

会议全面回顾了新中国成立以来特别是中央第五次西藏工作座谈会以来的西藏工作，明确了当前和今后一个时期西藏工作的指导思想、目标要求、重大举措，对进一步推进西藏经济社会发展和长治久安工作作了战略部署。会议还对四川、云南、甘肃、青海省藏区发展稳定工作作出全面部署。

习近平在讲话中指出，西藏工作关系党和国家工作大局。党中央历来高度重视西藏工作。在60多年的实践过程中，我们形成了党的治藏方略，这就是：必须坚持中国共产党领导，坚持社会主义制度，坚持民族区域自治制度；必须坚持治国必治边、治边先稳藏的战略思想，坚持依法治藏、富民兴藏、长期建藏、凝聚人心、夯实基础的重要原则；必须牢牢把握西藏社会的主要矛盾和特殊矛盾，把改善民生、凝聚人心作为经济社会发展的出发点和落脚点，坚持对达赖集团斗争的方针政策不动摇；必须全面正确贯彻党的民族政策和宗教政策，加强民族团结，不断增进各族群众对伟大祖国、中华民族、中华文化、中国共产党、中国特色社会主义的认同；必须把中央关心、全国支援同西藏各族干部群众艰苦奋斗紧密结合起来，在统筹国内国际两个大局中做好西藏工作；必须加强各级党组织和干部人才队伍建设，巩固党在西藏的执政基础。

习近平强调，依法治藏、富民兴藏、长期建藏、凝聚人心、夯实基础，是党的十八大以后党中央提出的西藏工作重要原则。依法治藏，就是要维护宪法法律权威，坚持法律面前人人平等。富民兴藏，就是要把增进各族群众福祉作为兴藏的基本出发点和落脚点，紧紧围绕民族团结和民生改善推动经济发展、促进社会全面进步，让各族群众更好共享改革发展成果。长期建藏，就是要坚持慎重稳进方针，一切工作从长计议，一切措施具有可持续性。凝聚人心，就是要把物质力量和精神力量结合起来，把人心和力量凝聚到实现“两个一百年”奋斗目标、实现中华民族伟大复兴的中国梦上来。夯实基础，就是要标本兼治、重在治本，多做打基础、利长远的工作，把基层组织搞强，把基础工作做实。

习近平指出，西藏工作的着眼点和着力点必须放到维护祖国统一、加强民族团结上来，把实现社会局势的持续稳定、长期稳定、全面稳定作为硬任务，各方面工作统筹谋划、综合发力，牢牢掌握反分裂斗争主动权。

习近平强调，同全国其他地区一样，西藏和四省藏区已经进入全面建成小康社会决定性阶段。要牢牢把握改善民生、凝聚人心这个出发点和落脚点，大力推动西藏和四省藏区经济社会发展。要大力推进基本公共服务，突出精准扶贫、精准脱贫，扎实解决导致贫困发生的关键问题，尽快改善特困人群生活状况。要把社会主义核心价值观教育融入各级各类学校课程，推广国家通用语言文字，努力培养爱党爱国的社会主义事业建设者和接班人。要实施更加积极的就业政策，为各族群众走出农牧区到城镇和企业就业、经商创业提供更多帮助。要坚持生态保护第一，采取综合举措，加大对青藏高原空气污染源、土地荒漠化的控制和治理，加大草地、湿地、天然林保护力度。今后一个时期，要在西藏和四省藏区继续实施特殊的财政、税收、投资、金融等政策。西藏和四省藏区要坚持自力更生、艰苦奋斗，全面深化改革，不断增强各族群众的发展参与度和获得感。

习近平指出，实现西藏和四省藏区长治久安，必须常抓不懈、久久为功，谋长久之策，行固本之举。要把基础性工作做深做实做细，坚持依法治理、主动治理、综合治理、源头治理相结合，紧紧依靠各族干部群众。要大力加强民族团结，促进各民族群众相互了解、相互帮助、相互欣赏、相互学习。要大力培育中华民族共同体意识，广泛开展民族团结进步宣传教育和创建活动。要大力做好藏传佛教工作，发扬藏传佛教界爱国爱教传统。推进寺庙管理长效机制建设，支持藏传佛教按照与社会主义社会相适应的要求进行教规教义阐释。要坚持不懈开展马克思主义祖国观、民族观、宗教观、文化观等宣传教育活动，凝聚中国特色社会主义思想共识。要落实依法治藏要求，对一切分裂祖国、破坏社会稳定的行为都要依法打击。

习近平强调，做好西藏工作，必须坚持党的领导，全面加强党的建设，着力建设好各级领导班子、干部人才队伍、基层组织，不断提高党的创造力、凝聚力、战斗力。在西藏和四省藏区，各级干部必须在思想上政治上行动上同党中央保持高度一致，做到忠诚于党和人民，坚定不移把党的各项方针政策落到实处。各族干部要像爱护自己的眼睛一样爱护团结，形成心往一处想、劲往一处使的强大合力。

习近平指出，在高原上工作，最稀缺的是氧气，最宝贵的是精神。长期以来，一代又一代共产党员舍弃常人所拥有的、放弃常人所享受的，扎根雪域高原，矢志艰苦奋斗。广大党员、干部要发扬优良传统，不断为“老西藏精神”注入新的时代内涵。中央对西藏干部职工历来十分关心，制定了特殊的工资政策和有关福利待遇政策，中央有关部门要积极支持，解决好他们的后顾之忧。要搞好对口支援西藏工作，优化援藏干部人才结构，把优秀人才选派到条件艰苦和情况复杂地区去磨炼意志、增长才干。西藏和四省藏区广大干部职工要把党和国家的关心转化为工作动力，在各自岗位上作出更大成绩。

李克强指出，未来5年多，西藏要同全国一道实现全面小康，任务繁重艰巨。要全面深化改革，创新发展模式，做到“五个结合”，即把政府作用与市场作用、借助外力与激发内力、对内开放与对外开放、新型城镇化与新农村建设、开发建设与生态保护更好结合起来。要着力在保障和改善民生上下功夫，因地施策、因人施策下大力气打好扶贫攻坚战，多渠道扩大就业。要加快补上教育这个“短板”，加快摘掉缺医少药的“帽子”，筑牢社会保障“安全网”。要突出抓好特色产业、基础设施、生态环保三项重点，提升西藏自我发展能力。着力发展特色农牧业及其加工业，建设好重要的世界旅游目的地，搞活商贸流通业，把西藏打造成为我国面向南亚开放的重要通道；加快构建综合交通运输体系，尽早实现所有县城通油路、具备条件的乡镇和行政村通硬化路，支持重大水利工程建设，确保群众喝上“放心水”，增强能源保障能力，力争区内电网覆盖所有县（区），解决无电人口用电问题，加快市政基础设施建设，支持高寒地区供暖工程，提升信息化水平，努力消除通信盲区，严格生态安全底线、红线和高压线，完善生态综合补偿机制，切实保护好雪域高原，筑牢国家生态安全屏障。

李克强强调，要进一步加大中央对西藏发展的支持力度，充实和完善特殊优惠扶持政策，继续执行“收入全留、补助递增、专项扶持”的财税优惠政策。增加中央投资，强化金融支持，加强对口支援。加大中央对四省藏区政策支持力度，统筹推进西藏和四省藏区协调发展，统筹推进四省藏区和本省协调发展，统筹解决交界地区突出问题。着力解决经济社会发展的瓶颈制约，切实维护社会和谐稳定，共同把西藏和四省藏区建设得更加美好。

俞正声在总结讲话中指出，习近平总书记的重要讲话科学分析了西藏工作面临的形势，深刻阐述了一系列重大理论和实践问题，具有很强的政治性、全局性、战略性，是当前和今后一个时期做好西藏工作的根本遵循。要坚持问题导向，原则问题要旗帜鲜明，发展问题要方向清晰，难点问题要明确回答，实际问题要重点解决。

俞正声强调，要把贯彻落实好会议精神作为一项重要政治任务，以良好的工作作风、扎实有效的工作措施，确保中央各项决策部署落地生根、见到实效。要进一步统一思想，切实把维护祖国统一、加强民族团结作为工作的着眼点和着力点，科学理解全面建成小康社会目标的基本内涵。要进一步明确责任，西藏和四省藏区要认真履行第一责任人的职责，组织各级党委和广大党员干部集中学习会议精神；中央有关部门和援藏省市、援藏企业要结合本部门工作实际制定贯彻落实的具体方案。要进一步突出重点，切实解决制约西藏和四省藏区发展的重点难点问题。

西藏自治区、国家发展改革委、山东省负责同志在会上发言。

在京中共中央政治局委员、中央书记处书记、国务委员、最高人民法院院长等出席会议。

西藏自治区党政负责同志以及各地市、有关部门主要负责同志，四川、云南、甘肃、青海省党政主要负责同志以及藏族自治州、有关部门主要负责同志，其他各省区市负责同志，中央和国家机关有关部门、有关中央企业负责同志，驻外使领馆有关负责同志，人民解放军和武警部队有关负责同志等出席会议。

原载《中国西藏》2015 年第 5 期

西藏特色产业迅速发展助农牧民增收

黎明

近两年，西藏自治区紧跟全国步伐开启“转方式、调结构”的经济发展思路，突出资源优势，以高原特色产业为主的现代工业迅速发展。作为青藏高原的主体，西藏已形成民族手工业、农牧畜产品、藏医药业、天然饮用水和优势矿产业为支柱的特色工业体系。记者近日调研了解到，高原特色产业正成为西藏经济发展提质增效的主导产业和农牧民可持续增收的重要来源。

西藏自治区发展改革委副主任马菁林介绍，去年高原特色食品制造业比上年增长一倍多；特色农畜产品加工业和藏医药业分别比上年增长 20%、6%；各类天然饮用水产量突破 30 万吨。西藏自治区成立以来，工业总产值从 1965 年的 0.09 亿元增至 2014 年的 150 亿元，年均增长 16%。

藏北那曲牦牛绒产品（楚翘摄）

“21 世纪以来，西藏借国家西部大开发战略的东风和中央第四、第五次、第六次西藏工作座谈会的重大发展机遇，实现了现代产业经济的新发展。近十多年来西藏产业经济发展最大的特点，就是一系列特色优势产业快速成长壮大。”西藏自治区社科院经济战略研究所所长、研究员王代远说。

民族手工业在传承中带来经济利益

民族手工业产品经过千百年的传承与发展，已成为藏族文化产业的重要载体。随着青藏铁路、拉萨至日喀则铁路的通车，西藏旅游业快速发展，加之当地群众消费需求逐年增长，西藏民族手工业迎来了历史上从未有过的春天。

绛红、暗蓝等各色毛线在身体左侧，双手快速地一层层编织，编完一层后右手拿着铁制或木制的小锤敲打，54 岁的巴桑在编织卡垫（小型藏毯）。这是本刊记者日前在西藏江孜地毯厂看到的场景。

日喀则市江孜县是青藏高原著名的卡垫之乡，江孜卡垫纺织精密、经久耐用、颜色鲜艳，已有900多年的历史，明清时期为专供皇室、贵族的贡品。“旧时王谢堂前燕，飞入寻常百姓家”。地毯厂自1973年建立已累计生产卡垫、地毯15万多平方米，当地群众和各大寺庙的购买量逐年增长，相当一部分还出口到北美、东南亚等地区。

地毯厂的近百名工人全来自江孜，他们农闲时节纺线编垫，春种秋收时还可回家干农活。巴桑的编织技术胜人一筹，已在这里干了35年：“在这里挣钱比在家种地强多了，前些年家里种地放牛收入很少，基本没有剩余，现在一年能挣3万多块钱。”

市场需求不断增长，为农牧民持续增收提供了长远保障。“近年来，纯羊毛手工编织的江孜卡垫一直供不应求，都是先预定后出货，不仅有本地各大寺庙，还有其他省份和国外的预定，现在都排到11月份了。”64岁的国家非物质文化遗产传承人、厂长边多说，生意一年好过一年，年产量超过1万平方米，年总收入与年利润分别达260万元、40余万元。

两层藏式楼房共700多平方米，16间房子，一楼是销售前台，二楼是制作间。山南地区琼结县达娃卓玛民族手工业加工合作社自2008年正式成立以来，已盛名远扬。员工从起初的2名发展到现在的25名，业务也从简单的服饰设计发展到藏装、藏靴、藏式内衣、藏帽、狐狸帽等饰品制作。

记者了解到，合作社产品不仅受当地藏族群众和国内游客喜爱，还吸引到加拿大、尼泊尔等外国顾客。“2012年年底，加拿大游客来一次性买了7000多块钱的小藏鞋、藏包等装饰品，从那以后我们就增加制作小饰品。游客回国后，他们很多亲戚朋友也被介绍过来。”合作社理事长阿旺曲扎说。

随着业务的不断扩大和销量逐年攀升，这家合作社去年收入121万元，总利润26.5万元。阿旺曲扎说，每年望果节和藏历新年前销售最好，员工按件付薪，每天能挣50—80元，已远远超出以往种地收入。

藏毯、藏装等民族手工业的传承和发展，给群众带来稳定收入只是西藏特色产业助民增收的一个缩影。农牧民近年来还尝到了高原农牧特色产业和藏医药业带来的甜头。

西藏日喀则地区仁布县首家由藏族农民开办的青稞酒厂

制作藏鞋（刘洪明摄）

高原特色农牧业转型升级效益凸显

民以食为天。西藏农牧民235万，占人口总数的四分之三，农牧业的发展至关重要。中央第五次西藏工作座谈会提出构筑西藏“两屏四地”（重要的国家安全屏障、生态安全屏障、战略资源储备基地、高原特色农产品基地、中华民族特色文化保护地、世界旅游目的地），其中建设重要高原特色农产品基地极大激发了地方政府和农牧民的积极性。

“十二五”以来，一批“藏字号”特色农牧品牌雨后春笋般迅速涌现。拉萨青稞啤酒、藏香猪等大批高原特色产品纷纷走出西藏、打入国内外市场。

羌塘草原位于青藏高原腹地，当地群众多年来以传统牧业为生，近年来政府部门加大牧业转型升级，畜产品加工业为牧民带来明显增收。那曲地区聂荣县色庆乡共5个合作组织以销售畜产品为主，优质畜产品的知名度也越来越高。

合作社制作的藏靴（刘洪明摄）

色庆乡帕玉村近四年来通过销售牦牛肉、奶制品和牲畜皮毛等畜产品，累计收入60余万元，2012年成为那曲地区首个小康示范村，帕玉村牧民专业经济合作组织去年获“国家级农牧民经济合作组织”称号。

变化始于2009年。“全村20户牧户以劳动力入股、草场入股、牲畜入股三种形式加入合作组织，由村集体整合劳动力管理分配。”村委会主任阿布说，去年全村人均收入首次突破万元，远远超过乡人均收入5700元，现在全村已集体脱贫。

西藏作为全球唯一的大规模集中种植青稞的地区，糌粑和青稞酒是青稞传统代表食品。记者调研发现，目前当地涉足青稞加工的企业30多家，青稞食饮品种类发展至30多种。“青稞加工从传统食品加工为主向现代多样化食饮品加工方向迅速发展，逐步成为农牧业一大特色产业。”西藏自治区农科院院长尼玛扎西说。

“我们前些年一直种青稞、土豆自己吃，现在家家户户都卖青稞去加工更好喝的青稞酒”，山南地区乃东县门仲岗村村民格劳旺杰笑着说，这里是青藏高原上青稞的发源地。

“根据村民意愿，我们签订了村委会、农户及西藏天佑德青稞酒业有限责任公司三方合同，公司一共租地800亩，农户按照种植阶段完成情况获取报酬。”村委会主任尼玛说，以前一亩地平均收入750元左右，与企业合作一亩地现金收入1300元。去年全村人均收入达到8996元，今年能超万元。

西藏自治区农牧厅总农艺师潘旭春说：“西藏自2004年先后整合涉农投资21.65亿元，实施12类农牧业特色产业项目达450多个，初步形成了藏东北牦牛、藏西北绒山羊、藏中奶牛等7个产业带。”

特色农牧产业助推特色加工业的发展和群众增收。西藏累计扶持和培育自治区级以上龙头企业 24 家，包括国家级 8 家，去年农畜产品加工总产值达 24 亿元。截至去年，项目区群众增收 13.15 亿元，受益群众达 175.6 万人。

记者了解到，《西藏高原特色农产品基地发展规划（2015—2020 年）》今年 4 月顺利通过评审。《规划》重点突出特色产业优势升级，力求在科学准确定位产品市场消费需求，一、二、三产业融合发展，生产、加工、流通和品牌建设等方面寻求突破。

藏医药产业走向规模化生产

藏医药是雪域高原重要的医疗资源、特色经济资源和传统文化资源。近年来藏医药业发展呈现快速增长势头，藏药生产走向规模化、标准化、规范化和效益化。截至 2013 年，西藏藏药生产企业 22 家，规模以上企业 13 家，规模以上企业共完成工业产值 9 亿余元，并全部通过国家 GMP 认证。

林芝市野生药用植物资源十分丰富，多达 2000 多种，其中濒危药材 50 余种，占全区 67.6%，是西藏重要的药材储备库。近年来工布江达、察隅、林芝、米林等多个县建立了藏药材种植基地，推广种植天麻、灵芝、藏丹参、玛卡等近 20 个品种藏药材。林芝推出藏药加工园区、藏药材种植基地、藏药材加工厂等招商引资项目，成功引进奇正藏药等多家企业落户。

米林，藏语意为“药洲”。“我们小时候挖的药材卖不了几个钱，这几年有藏医院和企业来乡上收，价格慢慢就上来了，我一年光卖藏药材就能收入 2 万多，这两年我们乡还扩大品种种植，产量也多了。”南伊乡才召村村民扎西罗布一家祖祖辈辈以挖藏药材为生。

本刊记者采访获悉，米林县农牧局不仅向农户推广藏药种植技

上尼屋的藏香猪都是放养的，体型较小，棕毛长，与野猪很像。(范久辉摄)

术，还建立了专门的藏药材培育基地——米林县贡布藏药材培训试验基地，基地内种植面积达 120 亩，主要承担野生藏药材驯化、引种试种等工作。当地还结合藏医药生命科技园区工程，依托“药洲”品牌打造集藏医药种植加工、藏医理疗的综合示范基地。

藏药材生产加工中，甘露藏药、奇正藏药等企业就地招募当地农牧民对原材料进行深加工，既成功保证了藏药材的药效，还降低了原材料的运输和加工成本，并为当地民众增加了劳务性收入，实现企业效益和社会效益的双赢。

本刊记者走访调研多家企业和多地农牧民后得知，西藏特色优势产业的竞争力还不够强，产业经济各行各业小、散、弱、差仍是普遍现象。随着产业经济的逐步成长，以及国家产业发展格局的调整，西藏产业经济发展又面临资源环境条件的约束。

当前，全国范围内转方式、调结构的新经济发展任务已提上日程，西藏也面临相同的发展任务。“现有产业发展模式主要还是粗放型发展方式，资源利用率仍然较低。需尽快找到与本地资源环境特点更加贴切、符合科学发展规律的经济发展路子，并逐步构建完善具有突出高原特色的空间经济布局和产业经济结构，不仅最大限度地改善民生经济，同时保持好青山绿水。”王代远认为。

原载《中国西藏》2015 年第 6 期

边贸大户普琼的致富故事

扎洛

洛扎县地处西藏自治区南部，以喜马拉雅山脉为界，南面与不丹王国接壤，边境线长达 154 公里。由于喜马拉雅山南北麓地理气候不同，植被物产也有明显差异，两地之间自然地形成了互通有无、贸易往来的需求。自古以来，洛扎县境内的色乡、拉康镇、边巴乡、

普琼在他的商店里

申格乡等地都有与不丹边民开展交易活动的集市。西藏的畜产品、食盐等特产，以及不丹的竹木制品、大米等通过这些集市完成交易。20 世纪 80 年代以来，当地政府鼓励发展边境贸易，边民小额贸易日渐活跃。近年来，当地居民充分利用中国在制造业方面的优势，积极开展边境贸易，一些边民凭借自己的辛勤劳动与经营智慧，获得了丰厚的报酬。2014 年 7 月，笔者在洛扎县色乡采访了当地的边贸大户普琼，通过他的致富故事我们可以了解边境地区藏族居民的生活状况。

“我叫普琼，今年 41 岁，出生在色乡曲吉麦村。我父亲曾任琼结县县长、洛扎县人大主任等职，十几年前退休了，又回到村里来住。我和母亲、兄弟们都一直生活在色乡农村，属于农村户口。我小时候，上了一年小学后，便辍学回家放牧，因为母亲一人操持家务，忙不过来。当时家里有牛 20 多头，羊 40 多只，我放牧整整 8 年。18 岁时跟别人学习木匠、裁缝等手艺，学会木匠手艺以后，开始做些简单的家具，有了一些收入，便在村里开了个小卖部。2000

边贸交货地点——拉普温泉

洛扎县风光

年（27 岁）开始，我让妻子经营商店，自己开始跑运输，拉百货。起初只有一辆小货车，后来换成东风卡车。开车跑了很多地方，眼界开阔了。2005 年承包了色卡古托寺的招待所，这是噶举派高僧米拉日巴修建的寺庙，是著名的佛教圣地，每年从青海、四川等地来的朝佛者很多。承包招待所前后 3 年，每年利润 3 万多元。那时，色乡已经开始了与不丹的贸易活动。我经营招待所自然认识了一些不丹商人，也开始跟他们做生意。起初只做 1000 元本钱的买卖，不丹人背虫草、木碗过来，交换这边的太阳能灯、奶渣等。一般 1000 元的货，能以 1500 元出手。不丹商品一般摆在招待所里出售，也有一些拉到拉萨、泽当等地出售。利润最高的还是虫草，那时不丹那边没有虫草市场，只能拿到这边来出售。收入最好的时候 1 年赚了 14 万元。当然也赔过，有一次从不丹人手里收购了 40 斤虫草，有点潮。骑马回来时间长了，结果发霉了，质量下降，损失很大。还有一次，预付款都打过去了，结果边境上政策变化，对方不来了，也造成损失。实际上，我们这边也出现过一些欺骗对方的事。过去我们做生意，都是这次交易，预定下次的交货时间、品种等，对方在约定的时间将货品送到指定的地方。因为不丹和中国没有建立正式外交关系，他们不允许我们的人过去，所以一般都是他们的人过来。现在有电话、互联网、微信，互相联系就方便多了，不过虽然客户只是在山的那边，但通讯属于国际长途，比较贵，在曲吉麦村有的村民每月的电话费高达 5000 元，说明与不丹方面的联系很多。村里做生意的人家比较多，规模有大有小。我自己的生意，单次最大的交易量有超过 100 万元的，仅木碗交易就达到 40 万元。这边有的商人单次生意有超 200 万的。

“不丹人最喜欢的商品主要有胶鞋、茶叶、被子、卡垫、牙膏、

色乡街景

草帽、灯泡、水瓶等，我们这边产的手机，配上藏族歌曲的彩铃非常受欢迎。不过每个人喜欢交易的商品不同。2013 年我的交易情况是这样的：从不丹购进了木碗 2000 多个，还有腰带、竹筐、绸布（一件上衣需要 2 米绸布，进价 480 元，出货为 800 元）等。木碗中有一种叫‘杂’，是用冷杉的木结制作的，进货价高达 1—1.5 万，在拉萨可以售 4 万元左右。销往不丹的有：金条 5 根，每个 880 克，进货 1 克 380 元，售出 450 元，不丹人购买黄金主要是做佛像装饰用的，有的富人做服饰也用。奶渣 2000 串，每串进货 8 元，出货 10 元，还有藏香 1300 盒，糌粑 350 斤。总之，2013 年我的总交易量在 30 多万元，利润 10 万多。我自己有车，平常也到处跑，到拉萨、泽当等地就先打听他们需要什么货，拉萨八廓街有好几个康巴人经营不丹商品，他们需要什么商品告诉我，我就打电话给不丹人订货。一般是对方送货过来，我们到麦拉噶琼雪山下面的宫昌蒲（在色河上游，喜马拉雅山北坡）接货，雇牲畜运到拉普温泉，在那里交易，几十万元现金，必须得提前跟乡里的银行预约提取现金。人民币和不丹货币按 1：5 的比率兑换。

“现在色乡的边贸在西藏南部地区比较有名，夏季有很多商人会来色乡。四川人来开饭馆，其他县的藏族人来开宾馆，商店也很多，看谁更勤快，看谁会经营，总的来说，大家都赚钱了。从洛扎县全县来看，色乡平均收入要高于其他乡镇，在色乡内部，曲吉麦村收入最高。因为我们村子离不丹最近，跟不丹的关系也最密切，好多人家在不丹都有亲戚。

专营不丹商品的商店

“这两年因为发生过从这里偷越边境的事件，边境管理严格了，有好多新规定。比如，从宫昌蒲运货的牛必须打疫苗隔离 7 天才能放回畜群，因为不丹没有给家畜打疫苗的制度，怕带传染病过来。外地来的商人要进行检查。总之，生意清淡了许多。我现在的经营重点已经不在边贸上，而是承包土木工程，因为这两年政府在基层投资很多，计划每个行政村通公路，许多工程由本地农民施工队承包。我有自己的施工队，自己有挖掘机等设备，每年都能够得到修路的项目。2013 年承包工程的利润也有几十万元。现在，我还开办了自己的公司，叫‘门卡特色产品经销有限公司’，开办了藏香厂，雇佣 13 名本乡的工人，每人月工资 2500 元。2013 年从拉萨到洛扎县已经通了柏油路，从县城到色乡的柏油路也很快修好，开展边贸的条件比以前好了，希望能有更多的生意可做。

“我家里三个兄弟都是致富能手，家里的生活都没有问题。我现在思考的是怎么样让乡村的人都过上好日子，自己富了也要照顾那些贫困的家庭，乡政府也鼓励我做一些慈善活动。2013 年我承诺每年拿出 10 万元给村子里做实事，其中 4 万元做慈善活动，慰问了所有的家庭，每户发放了大米、砖茶、水壶等，给贫困的家庭 5000 元人民币，还给一个特困户盖了房子。做这些事自己内心很高兴，我们信仰佛教，做善事一定会得到好的果报，只要条件允许，我要把慈善事业坚持下去。”

原载《中国西藏》2016 年第 2 期

藏区创业脱贫与藏靴的重生

拉加当周

藏族作为中华民族共同体的有机组成部分，在与其他民族交往、交流、交融的千年史上，创造了丰富多彩的民族文化，为中华文化宝库增添了无限光芒。藏族文化既包含了深邃奥妙的精神文化财富，也网罗着纷繁复杂的乡规民约体系，还囊括了独具特色的民族传统手艺。藏靴便是藏族传统手艺的载体，在其工艺和功能上充分体现了互学互鉴的文明融合进程，蕴含着藏民族精益求精的生活智慧。

藏区经济逐步向现代化转型

我的故乡位于青海省东南部的一个群山谷地，是一座处在藏、汉、土、蒙古、撒拉等多民族交汇地带的藏族乡村。她因世代传承藏戏表演和藏靴工艺而积淀了深厚文化底蕴，被称为“藏戏之村”和“藏靴之乡”。这里生产的藏靴不仅是周边农牧区藏靴产品的主要来源，也是本地父老乡亲重要的谋生手段之一。在我的记忆里，每

藏靴

年秋收一过，村里几乎每家每户都开始着手制作藏靴。从购买皮革到打磨，再到正式制作或成品，纯手工作业，平均一双需要十天左右的工时。初冬一到，村里长者们开始组团奔赴周边地区营销“藏靴”，用来交换牧民的牛羊肉或现金。这在客观上形成了农牧区之间物资的双向交流，成为本地固定的经济生产方式，世代相传。

市场经济在藏区乡村社会中的渗入和发展，推动当地经济社会现代转型的同时，也冲击着当地物质消费观念和生产生活格局。现代时尚文化的引进，降低了人们对传统手工产品的需求。藏靴加工行业也到了举步维艰的境地，很多靠藏靴加工谋生的村庄陆续放弃这门技艺，只好谋求新的增收渠道。我们村的藏靴加工逐渐退去往日风光，成为历史的记忆。

随着社会主义市场经济体制的不断完善和人民物质生活条件的持续改善，文化日益成为民族凝聚力和创造力的重要源泉，丰富精

村里的老手艺人向年轻人传授制靴技艺

刚刚制作出来的藏靴

神文化生活越来越成为各族人民的热切期盼。党和国家提出坚持中国特色社会主义文化发展道路，建设社会主义文化强国，加快发展文化产业的重大战略思想，为藏族传统文化的保护和传承带来空前的历史机遇，极大地调整和激活了藏区基层社会中的内生动力和发展活力。藏族青年纷纷加入创业谋生行列，申请国家创业政策和扶持资金，结合各地特色和文化传统，办起各类文化产业项目，一时掀起了一股“创业热”。仅我们一村，在 2012 年到 2015 年间，就建成包括林木育苗基地等在内的十余家新型经济合作社，创收每户每年 4420 余元，成为百姓新的增收渠道，生产生活上了新的台阶。

新的生产营销模式使藏靴工艺涅槃重生

我老乡完玛，富有创意和干劲，一心热衷于创业经营，成就梦想、传承文化。2004 年大学毕业后，他来到北京自谋职业，后被家乡日益兴盛的文化产业所吸引，回乡经营起一家小型藏餐馆。数年后，完玛的藏餐店越做越大，成为带动整个地区藏餐行业发展的领头羊。2015 年 8 月，本着保护和传承文化、帮助村民脱贫致富的初衷，完玛与村里藏靴手艺传承人南加合伙，借鉴以往经验，结合本村特有的藏靴手艺，在县乡扶贫政策的帮助及自筹资金等方式下，开起了当地第一家藏靴加工厂。

藏靴加工厂以“统一规格、规模生产、入股分红”为经营理念，结合当地消费需求和审美取向，改进藏靴加工工序，前期组织村里 50 多位老手艺人，统一采购材料，集体缝制加工。不到三个月的时间便生产出第一批藏靴成品。他们搭乘现代信息技术的“顺风车”，利用“互联网 +”的营销模式，大力宣传和推销产品，一时间收到来自各地的大量订单，第一批产品一上市便出售殆尽。取得了可观的经济收入和文化推广效益。公司下一步计划建立小型藏靴陈列馆，利用藏区旅游发展时机，宣传和推广藏靴工艺；设立藏靴文化讲堂，“以老传幼”，试图打造“产、学、研、传”齐头并进的经营模式。目前，藏靴加工厂正在如火如荼地生产。村里老少纷纷加入藏靴生产，研习传统手艺，研发藏靴新品。藏靴已经成为当地藏族百姓节日盛装的标配，产品生产供不应求。创业开发当地特色产业的举措，不仅解决了村里闲置劳动力的就业问题，还探索出农牧民脱贫致富的新路子，更是保护和传承了民族文化，使这一极具文化价值的传统手艺重新展现在世人眼前，实现了藏靴工艺的涅槃重生。

中央加大扶持力度　确保西藏和四省藏区与全国一道迈入小康社会

现代化进程并非简单意义上现代性取代传统性的过程，而是传统与现代之间在具体时间与空间格局中不断冲突与融合，最终寻求一致性的过程。藏区社会现代化并不仅仅是外源生长性主导的社会转型，而是以本土资源主动参与为内容的内源生长的发展过程。藏族传统文化形态在此进程中被赋予了新的时代内涵，更好地与社会

藏靴加工厂的工人正在打磨皮革

主义社会相适应，为藏区脱贫提供了精神文化支撑。故乡创业脱贫现象、“藏靴的重生”以及完玛创业的事迹，正是党和国家各项惠民政策在藏区落地生根的具体体现；是藏族传统文化在现代化的推动下，进行自我调适与革新，成功得以保护和传承的集中反映；是藏族青年一代通过国家扶持和自身努力，改变命运、梦想成真的生动写照。

中央第六次西藏工作座谈会明确了当前和今后一个时期西藏工作的指导思想、目标要求和重大举措，对进一步推进西藏经济社会发展和长治久安工作作了战略部署。藏区社会各项事业已经站在新的历史起点上并稳步向前发展。但在民生改善和脱贫致富领域依然面临着产业结构单一、特色产业起步晚、产业链不健全、区域发展不均衡、群众创业观念落后等难点问题。习近平总书记在中央扶贫工作会议上强调："发展生产脱贫一批，引导和支持所有有劳动能力的人依靠自己的双手开创美好明天，立足当地资源，实现就地脱贫。"为了推进藏区科学发展和长治久安，确保到2020年藏区所有贫困地区和贫困人口一道迈入全面小康社会，关键在于秉承"创新、协调、绿色、开放、共享"的发展理念，引导藏族群众转变观念、主动参与市场竞争，鼓励民众创业，搞活市场活力，形成大众创业、万众创新的局面。构建集传统生产方式、自然资源优势、人文地理环境为一体的文化产业体系。以更大的决心、更明确的思路、更精准的举措、超常规的力度，众志成城实现脱贫攻坚目标，为实现中华民族伟大复兴的"中国梦"奠定扎实基础。

原载《中国西藏》2016年第2期

朗加的幸福生活

楚翘

隶属于西藏自治区日喀则市的白朗县，位于雅鲁藏布江的主要支流年楚河中游，土地肥沃，物产丰美。境内江孜法王宫遗世独立，嘎东寺历史悠久，“娘曲”河水默默滋养着流经的区域，哺育着世代生活在这里的农牧民。

蓝天白云下，崇山深谷中，一座座藏式楼房崭新整齐；道路连接村村通，农用车奔忙致富，一排排太阳能路灯分布村落道路两旁。农家院里，牛羊惬意地吃草，藏獒精神抖擞，牦牛肉整齐地晾晒着，空气中飘来藏药草本的清香。这是白朗县强堆乡杰白村的一景，也是新时代西藏农牧区的一个缩影。

85 后小伙、今年刚满 30 周岁的朗加是杰白村村民，他并未像同村其他年轻人一样选择去拉萨或别的城市打工，而是安心留守家乡，选择传统农牧生活方式，同时继承和发扬家族流传几百年的藏香制作工艺，在村里开办起藏香加工厂，日子过得红红火火。

朗加家中四代同堂，户口本上登记有 15 口人，其中常住人口 10 人。年纪最大的是朗加的爷爷，已有 85 岁高龄，年纪最小的是朗加的女儿，今年 3 岁，祖孙四代共同生活在一栋藏式两层楼房中，祖孙同堂，其乐融融。

家中一楼院子面积大约 200 平方米，设有围墙和大门，院中可以停车，并设有圈养棚、杂货仓、牲畜饮水槽等。二楼用来住人，面积大约 300 平方米，中间是阳光房，宽敞周正，阳光明媚，抬头便能看到湛蓝的天空。四周分布七八个房间，分为客厅、佛堂、卧

幸福的一家人

杰白村的太阳能路灯

二楼阳光房中的花卉

室、厨房、储藏间、卫生间等。环顾二楼，传统精美的藏式家具、描金涂彩的房梁顶柱、编织精美的各式卡垫，以及房门、墙壁上随处可见的富有吉祥寓意的彩绘图案让人目不暇接。冰柜、彩电、电酥油桶等电器一应俱全。白花花的自来水从楼下通到楼上，大小十几盆盆栽花卉一字排开，在阳光房里怒放。

长期以来，白朗县基层农牧民大多依靠压水井取水，既不方便水质又差。始建于 2000 年的县城供水系统供水能力很弱，根本无法满足县乡村三级群众用水。2011 年年底，白朗县在山东省对口支援下，建立起日喀则地区甚至是整个西藏地区最好的水厂之一，使全县实现了 24 小时不间断供给自来水，汩汩“甘露”流进白朗乡 4 万多名群众心田。朗加的妈妈熟练地拧开自来水龙头，“水流又大又干净！在二楼做

家中的佛堂

饭、洗衣、浇花时，只要拧开水龙头就行了。”

朗加的妻子拉巴仓决是白朗县洛江镇人，两人是初中同学。夫妇俩共生育了四个孩子，其中三个儿子，一个女儿。大儿子 11 岁，二儿子 9 岁，都在强堆乡上小学。学校实行藏汉双语教学，每月回家一两次，有专门的校车负责接送。“村里的小孩都去上学了，吃饭、住宿都是国家包，自己不用出钱，还发校服。”拉巴仓决说。她深信教育能够改变命运，希望孩子们好好学习，长大后像大姑那样去内地读书，接受最好的教育，见识多彩的世界。拉巴仓决口中的大姑就是朗加的大妹子丹珍，她从小勤奋好学，在山东省西藏班读过书，后来考入浙江大学，毕业后通过自治区公务员考试被山南琼结县税务局录用，成为全家第一个有公职的人。

据悉，从 1984 年起，西藏自治区对全区范围内接受义务教育的农牧民子女，均实行包吃、包住、包学习的“三包”政策，2011 年秋季学期开始对高中阶段也实行免费教育政策。除此之外，国家还为在内地班（校）就读的藏族学生免除了学费和食宿费。30 多年来，包括丹珍在内的 3 万余名西藏孩子，带着梦想走出雪域高原。毕业后，他们中的大部分人又都回到家乡，成为当地各行各业中的佼佼者，也成为民族团结的宣传者和践行者。“哪家的孩子能到内地读书是一种光荣，全村、全家都要隆重欢送他们。”拉巴仓决对孩子们的未来也充满着期待。我们发现，内地西藏班在提升西藏农牧区群众对待教育的热情上，起到了惊人的作用。从更宏大的视角看，国家对西藏教育的一系列政策其实是在坚定地行使着一份历史使命——为西藏当地培养人才。

朗加在家里排行第二，上面有一位哥哥，下面三个妹妹。哥哥从小出家为僧，曾在中国藏语系高级佛学院就读，并出版过多部著作，是全家人的骄傲。二妹仓木啦很早便在拉萨打工，如今在拉萨市中心一家茶坊工作，居住于大昭寺附近，是全家人闲暇时来到拉萨转经、朝拜的落脚点。三妹央吉去年刚从成都某所大学毕业，也打算像大姐一样报考公务员。“火车三个小时就能从日喀则到拉萨，方便得很！孩子们想回来就回来了。”朗加的奶奶一边摇着转经筒，一边告诉记者，脸上绽开幸福的笑容。

2014 年 8 月通车的拉日铁路是青藏铁路的重要路段，连接西藏自治区首府拉萨和藏西南重镇日喀则，沿途 14 个车站，年货运量 830 万吨以上。拉日铁路通车后极大地改善了日喀则地区的交通条件和投资环境，促进了当地经济特别是旅游业、物流产业、特色农牧业的发展，对藏西南 70 多万人口意义重大。对于日喀则附近的老百姓来说，火车出行成为他们生活的一部分，既节约时间又经济实惠，硬座车票全程才 40.5 元，还舒适安全。曾经闭塞的农牧区，通过便捷的青藏铁路的不断延伸，使农牧民迅速融入现代社会，与发达地区的文化和经济紧密相连。

朗加家中有 14 亩地，主要种植青稞、藏小麦、油菜、萝卜、土豆等，家庭自用。另外养殖了 10 头牦牛、5 只羊和 1 匹马，家里吃的酥油和奶酪都是自制的。“国家现在政策好，对种植优种粮食有补贴，饲养良种牲畜有补贴，购买农机设备也有补贴，对种粮户个人也有补贴！”朗加掰着手指头告诉记者。朗加是杰白村党支部发展的共产党员，对于西藏自治区农牧民能享受的财政补助优惠政策比较了解。谈话间他还捧出一本鲜红的荣誉证书，原来在 2014 年他被强堆乡党委评为优秀共产党员，这对朗加来说可是一个既光荣又沉甸甸的荣誉称号。

国家对西藏农牧区经济社会发展倾注了大量的关心和支持，制订了一系列直接补贴政策（现金或实物）以及间接补贴政策（公共服务优惠政策项目），共 37 项，涵盖了农业、畜牧、水利、医疗、养老、教育等各个方面。例如，青稞良种补贴 20 元 / 亩；牦牛犊良

家中饲养的牛羊

接到孙女打来的电话，奶奶高兴得合不拢嘴。

种每头补贴 60 元；购置农机用具按照实际成本价的 30% 给予补贴；80 岁以上（含 80 岁）每人每年补助 300 元；农牧民孕产妇在各级定点医疗机构住院分娩和新生儿抢救治疗发生的医疗费用，凭相关票据均予以报销……一系列惠民政策立足基层，鼓舞人心，帮助西藏广大基层群众解决困难、促进生产、改善生活，充分体现了国家对西藏各族人民的特殊关怀和民族区域自治制度的巨大优越性。

杰白村有 74 户人家，出门打工的年轻人较多。“如今国家政策很好，在农村一样能够致富。”2013 年，朗加根据家族传承下来的藏香配方和制作工艺，在自家院子里办起了藏香加工厂，原材料有的是从本地采集，有的是从内地、尼泊尔等地购进。第一批藏香做出来后，由于配方独特，材料足，味道好，很快被村里乡亲半买半送地抢购一空。之后，在家人和朋友的支持下，朗加在工商局注册了“明珠御香”的商标，并在成都定制了产品包装盒，真正把作坊生产发展为商业生产。如今厂里有8位工人，都是当地村民，每年营业额有18万元，纯利润5万元，今年营业额预计可达到20多万元。产品主要卖给本县农牧民家庭，也有拉萨、内蒙古、北京等地的客户订购。

2014年，白朗县妇联积极开展“巾帼脱贫行动”，支持乡镇妇女创业，加大妇女小额担保财政贴息贷款这项民生工程力度，帮助乡镇妇女实现脱贫致富梦。拉巴仓决在丈夫朗加的支持下，大胆抓住了机遇，得到了县妇联和村委会的帮助，在杰白村就地选址盖起了新的藏香加工厂厂房，并以35万元的集体财产作为启动资金投入使用，利用家族传承的藏香制作工艺和比较成熟稳定的藏香销售渠道，团结带领本村妇女共同脱贫致富。

“我的祖先过去是敏吉巴贵族，所以我们把藏香厂取名为‘敏吉宫’，我想这是后辈对祖先最好的纪念方式。”朗加如是说。原本坐在床上一言不发、默默捻着念珠的爷爷忽然停止手中的动作，高兴地朝孙子竖起了大拇指。继承家族精神的朗加和拉巴仓决致富不忘乡亲，经常把生产出来的藏香送给路过厂房的孩子们，并在寒冬季节购买青稞面粉、御寒衣物等送给乡邻有困难的残疾人和老人。2015年冬季，夫妻俩为强堆乡小学的孩子们送去了大批棉服。

眼光决定创业思路，思路敲开致富之门。今年春天，朗加利用自己掌握的建筑施工技术和近些年的积蓄，在白朗县工商局注册成立了“孜杰建筑有限责任公司”，准备在县乡村三级承包一些水渠、房屋建筑、装修等方面的小工程。“现在农村家家户户都在想盖新房子，一家比一家漂亮，也都想把家门口的院子、道路整修一下，只要质量过硬，不愁没有工程接。”朗加自信满满地说。

西藏民主改革 57 年来，特别是改革开放 30 多年来，基层农牧区发生了巨大变化，体现在“二牛抬杠”逐渐消失，机械化进入农耕水利；生活水平逐年提高，现代化设施进入农牧民家庭；教育、医疗、养老等社会保障落实到位，幼有所学，老有所养，农村涌现出不少百万元户……但是，最大的改变并不在于物质或其他，而是新西藏农牧民思想上的全面发展——素质不断提升，视野不断开阔，活动半径不断扩大，脱贫致富的意识越来越强。

每天早上，朗加的妈妈和妻子拉巴仓决都早早起床，收拾房子、挤牦牛奶、打酥油、准备早饭等，不一会，院子里牛羊的叫声、孩子们的嬉戏声、朗加发动汽车的轰鸣声、房间里爷爷低沉的念经声、爸爸用力切着牦牛肉干的律动声、炉子上酥油茶咕嘟咕嘟的煮沸声……此起彼伏，美好而幸福的一天又开始了……

原载《中国西藏》2016 年第 4 期

曲嘎的故事

刘枫　王珊　杨子彦　格桑伦珠

为了提高牦牛出栏率和经济效益，他把内地的牲畜育肥技术带进村里；

为了促进草畜平衡、降低对草场的破坏，他不与民争利，把自家的羊全部卖光；

为了方便村民放牧，帮助乡亲致富，他把自家的草场无偿地让给村民；

……

他，就是当雄县宁中乡堆灵村 8 组的党员、致富带头人曲嘎。在堆灵村人眼里，曲嘎是一个具有开拓和创新思想的人。提起曲嘎的故事，要从十多年前说起。

2006 年，为了改善家里的经济条件，依靠勤劳致富，曲嘎在西藏自治区农牧民金融优惠政策的帮助下，从农业银行贷款 10 万元，到青海、甘肃做起了销售牦牛肉的生意。

艰苦的生活环境让牧区孩子比城里的孩子更快地成长（觉果摄）

一次偶然的机会，他了解到内地牲畜短期育肥的经验，这使他敏锐地嗅出了西藏牦牛养殖市场上潜在的商机。

曲嘎说，他在甘肃看到，当地许多养殖户都会对牲畜进行短期育肥，让牲畜体重在较短时间内有较大的提升，从而在市场上卖出好价钱，这让他产生了通过科学养殖改变传统养殖方式、发展家乡畜牧业的想法。

回乡后，曲嘎开始在自家的牧场上进行育肥试验。

由于缺乏经验，开始曲嘎只是尝试性地给一两头牦牛育肥，并与散养的牦牛进行对比。不比不知道，一比吓一跳。“经过 100 天的育肥，牦牛的体重有了明显提升，出栏后，一头牦牛能多出两三千元的收入。”试验成功后，曲嘎欣喜若狂。

随后，曲嘎每年增加育肥牦牛的数量，逐步提高了牦牛出栏率。到 2016 年，已经实现育肥 22 头牦牛、出栏 22 头牦牛的规模。

谈起育肥经验，曲嘎颇有心得。他说，夏季水草丰美，让牛在草原上自然生长，到了冬春草荒时，就得给牦牛“加餐”，喂饲草。

对饲草的加工也颇有讲究。曲嘎介绍说：“草最好是燕麦草，喂的时候，要先把草剁碎。然后加入糌粑和食盐，最后用温水搅拌。糌粑和食盐的量要循序渐进，让牦牛逐步适应。这样的饲料，牦牛吃着香、容易吸收，营养也跟得上、长得快，牦牛的肉质也比较鲜美。”

当时，这种短期育肥的方式，对村民来讲，着实是件新鲜事。

当雄县宁中乡牧民宇仲在储备冬草（党果摄）

曲嘎说，堆灵村是一个纯牧业村，一直以来，村里的牲畜养殖都是散养。草长得好，牛就吃得饱；草长得不好，牛就只能饿肚子。一年到头，有时饥有时饱，几乎长不了多少肉，牛都普遍偏小，出栏率普遍偏低，经济效益也不怎么好。

曲嘎靠牦牛育肥，腰包越来越鼓，但他心里却不止“小我”，还装着“大我”。

为了进一步帮助村民们增加经济收益，尽快摆脱贫困，曲嘎努力向乡亲们传授短期育肥经验，帮助他们提高出栏率。

与此同时，曲嘎心里还盘算着更大的事情，他郑重地向党组织递交了入党申请。

2013 年，曲嘎光荣地成为一名中国共产党党员，完成

当雄县宁中乡牧民用拖拉机运输饲草（觉果摄）

了他多年的心愿，也让他能够在为乡亲们办实事，带领乡亲们共同致富的道路上走得更远。

这一年，他把家里的400多只羊全部卖掉。年底，又把自家3819亩草场无偿让给其他村民放牧。

对于牧区绝大多数牧民来说，牲畜和草场就意味着全部家业，但曲嘎却并不那么在意。他总觉得，自己前些年在外面做生意，又通过牦牛育肥，攒下了些钱，不需要完全靠放牧来维持生计，不如帮乡亲们一把，大家共同富裕。

曲嘎说："我家羊多，吃草吃得厉害，甚至连草根都要刨食，草原生态又比较脆弱，一旦破坏，恢复起来很难。我就干脆把羊全处理了，保护好草场，让村民们去养牦牛，好让牦牛多吃些草，养壮了提高收益。”

不仅如此，遇到村民家有瘦弱、卖不出去的牦牛，曲嘎还会主动从他们手中购买过来，自己养殖。

2013 年，曲嘎就以 2800 元一头的价格，从村民手中购买了 18 头瘦牛，一方面减轻了村民的负担，另一方面减少了村民的经济损失，甚至给他们带来一定的经济效益。

在牲畜养殖过程中，全村很多村民都得到过曲嘎的照顾。提起他，村民们无不竖起大拇指，交口称赞。

村民达瓦桑珠说：“曲嘎让我家的牲畜在他家牧场上吃草，还把育肥技术传授给我们，让我们的牲畜卖的钱比以前多了很多，改变了我家的生活条件。他就是我家的恩人，对我一家帮助很大。”

畜牧业作为传统的第一产业，在许多人看来，“来钱”并不容易。但曲嘎却凭着一腔热忱和一股敢想敢干的精神，带领村民们，在世代放牧的大草原上闯出了一条致富路。

曲嘎的能力、真心和在村民中的口碑让他在 2014 年成为“双联户”户长，2015 年被选为宁中乡党代表，新的身份给了他新的力量，也让他肩上的担子更重了。然而，对于未来，他仍充满了信心。

曲嘎说，等把自家的 152 头牦牛全部育肥出售后，他就把草场交给村委会，让村民们共享。自己以后的主要精力要放在即将成立的嘉博牦牛养殖合作社和另外两家运作良好的合作社上，一步一步地帮助更多的村民脱贫致富。

5 月，一场雨水过后，堆灵村的草场变成了一片绿色的海洋。而曲嘎，还会带领村民们走得更远。

原载《中国西藏》2017 年第 4 期

附　录

五年，清晰而坚实的脚印

春天，当拉萨河畔杨柳返青的时候，《中国西藏》杂志已经走过了整整五年的路程。回头看看，我们的脚印是清晰而坚实的。

五年来，由于社会各界的爱护和扶植，新闻媒体的关注和介绍，《中国西藏》已走出国门，拥有一批热情而稳定的读者。他们是国内外藏胞、藏学家、关心西藏的政治家和倾心探索“那片神秘土地”的旅行者……一封封读者来信，架起了读者和编者的桥梁，藏区建一座电站、修一座寺院、出版一本藏学专著，都会引起他们热情的回响。一位美国读者，两次来信希望我们刊登最详尽的西藏地图，好让他在上面找到文章中提到的地方，这些使编者感动而且欢欣。凡是读者希求的，我们都会努力去做。《中国西藏》汉、英文版从 1994 年起，由季刊改为双月刊，将向读者报道更多西藏的新情况，交流更多西藏和其他藏区的新信息。

一些读者来信，希望更多、更快地了解西藏现实发展建设情形和西藏人民的生活状况。从本期起，我们将利用更多的篇幅向大家介绍西藏在社会主义市场经济建设过程中，全体人民齐心协力建设家园及中央政府、全国各族人民支持帮助西藏加快发展的情况。

本期我们刊发的邓小平同志《立足民族平等，加快西藏发展》一文，是他 1987 年 6 月 29 日会见美国前总统卡特时谈话的一部分。邓小平参与了从进军西藏、平叛改革、成立自治区、开展社会主义建设的重要决策和组织领导工作，其民族平等思想贯彻始终，加快西藏发展，正是邓小平建设中国特色社会主义理论的重要体现。这篇文章的公开发表，对西藏的建设和发展将会产生重大意义。

本期我们用较大篇幅，与西藏旅游局合编了“西藏旅游专号”。改革开放以来，西藏向世界各国敞开了大门，海内外旅游者纷至沓来，西藏旅游事业随之蓬勃兴起。旅游业作为一项新兴的产业，在西藏发展是非常可观的。西藏古老的文化、神秘的宗教、瑰丽的景观、独特的风俗，早已是世界各国旅游者热烈向往与追求的目标，今天这种向往与追求已经变成了现实。西藏现有各类涉外宾馆、饭店等 24 家，客房 1836 间，床位 4100 张，其中被评定为星级的宾馆、饭店 7 家。开放国家级风景名胜区、历史名城、文物保护地 27 处，山峰 44 座，景点 50 余处。交通条件得到明显改善。旅游机构日臻完善，以藏族为主体的导游、翻译、服务、管理人员队伍初步形成。海内外旅游者已由单一的文化观光转向观光与特种旅游相结合。文化旅游、民俗旅游、登山、探险以及徒步旅游正在蓬勃兴起，吸引了越来越多的旅游者。从 1980 年到 1992 年，海外观光者达 17 万之多，最多的一年有 43000 多人次。50 年前，外国人在拉萨还被当作怪物一样围观，如今，藏北纳木湖边、藏南青浦峡峪，以及许多鲜为人知的地方，外国观光客随处可见，拉萨就更不用提了。西藏欢迎更多的国外朋友和港澳台同胞，到西藏来进行赏心悦目的高原之旅。

原载《中国西藏》1994 年第 1 期

《中国西藏》十年纪事

1999 年 2 月 15 日，是《中国西藏》杂志创刊 10 周年，是这本年轻刊物的 10 周岁生日，我们并不想高燃红烛庆贺，只是想回顾一下 10 年走过的路。做了些什么，还没有做的又是什么；有哪些满意之处，又有哪些遗憾。平心而论，杂志社仅有几个人，十年如一日勤奋地工作着，已经尽了心，尽了力了。但是，今后的日子，还有更多的事情在等着我们。生日，只是下一个 10 年的新起点。我们将始终牢记把一个真实的西藏告诉整个世界的初衷，和支持我们的作者、热爱我们的读者一起走向新的 21 世纪。也许，记下 10 年间我们做过的一些有意义的事情，并不是多余的吧。

1989 年（藏历土蛇年）

2 月 15 日，汉文版春季号（试刊）问世，刊出华子撰写的《评中央政府与达赖喇嘛的谈判》，在国内外引起广泛的关注和重视。

《卷首语》表明了本刊的宗旨："这是中国出版的一种向海外发行的专门报道今日西藏详情的综合性刊物。""中国西藏季刊能为您开启一扇认识西藏的窗户，为您架设一座沟通心灵的桥梁。"

刊物付印之际，传来十世班禅额尔德尼·确吉坚赞逝世的噩耗，于是赶紧增页，报道治丧情形。班禅大师圆寂和转世自然而然成为当年本刊的重要主题。余下各期连续刊载怀念大师的文章和回忆录，还刊发了《关于活佛转世的历史资料》《达赖、班禅的转世与封号》（拉巴平措）、《寻访灵童史话》（国庆）、《班禅转世问题面面观》（明华）、《活佛转世制度的形成及其传统做法》（石山）等，哀悼大师逝世，同时介绍活佛转世的大量背景性材料。

秋季刊《藏学硕士》（德吉）一文，介绍中央民族学院王尧、王辅仁、李秉铨、苏晋仁、吴丰培教授等指导的 12 位硕士研究生，9 名藏族、2 名汉族、1 名回族。他们是：王维强、褚俊杰、王定朴、阿旺、拉毛措（女）、冯智（洛桑居勉）、王文静（女）、杨清芬（丹巴拉姆，女）、张文林、袁明之、欧声明、苏发祥。当年他们还是初出茅庐作腼腆状，如今大都成为在学术领域崭露头角、成果丰硕的中青年藏学家了。

1990 年（藏历铁马年）

铁马奔腾，90 年代第一春，汉英文版（季刊）正式出刊。4 月 15 日，本刊和民族出版社在民族文化宫礼堂举行创刊座谈会，国家民委主任司马义·艾买提出席。全国人大常委会副委员长阿沛·阿旺晋美发表讲话热烈祝贺。之后国内外新闻媒体广为报道，海外读者也争相来信支持。巴黎《欧洲时报》报道："中、英两种文版的《中国西藏》杂志季刊，最近在北京正式创刊，从而结束了 40 年来西藏没有一份面向世界并在国际上发行的刊物的历史。”香港读者王先生在来信中热情洋溢地说：“四十年来我一直十分关注我们国家的对外宣传工作，如今看到我们国家能够出版这样高水平的对外宣传杂志，实在值得祝贺。”美国加州一位读者在来信中说：“《中国西藏》在美国这种被神话与谎言禁锢的环境中送来一阵受人欢迎的新鲜空气。”总之，国内外读者都对本刊的出版热烈欢迎并寄予厚望。

1989 年 6 月 15 日，十四世达赖喇嘛在法国斯特拉斯堡发表了一个所谓解决“西藏问题”的“新建议”，其实质仍然是坚持“西藏独立”的主张，这一“建议”被西方某些人士和新闻媒体炒得很热，本刊有责任对西藏历史和现实两方面的事实进行澄清。春季号刊沙舟《斯特拉斯堡“建议”的实质是什么》，夏季号刊尼玛次仁《西藏与祖国关系的历史渊源》、洛桑《论西藏历史上的供施关系》，秋季号刊浩明《是民族关系，更是政治隶属关系》、罗群《评“西藏人民自治权”》等。

连载余梅《拉萨人》系列报道，把读者带进一户户普通拉萨居民的家，一年后结集成书，由新星出版社出版。刊发郭翠琴、索朗白姆《西藏十一位小活佛》，记述策墨林、热振、达扎、洛桑巴、扎唐等 11 位格鲁派、噶举派活佛的经历，引起读者浓厚的兴趣。也有读者反映：“他们都是大活佛，不是小活佛！”

秋季号为昌都专页，冬季号为阿里专页。时逢马年，冈底斯神山，玛旁雍错圣湖有 12 年一度的大规模朝山转湖活动，《西藏日报》记者益西加措为阿里专页写了 3 篇报道，语言质朴、文笔流畅。此公擅长写作，但身材较矮，自称“袖珍藏人”。

是年亚运会在北京举行，本刊与西藏群艺馆合作，在民族文化宫展览馆举办《西藏民间艺术藏品展》，首次向海内外推出西藏美术家叶星生民间艺术藏品300件，阿沛·阿旺晋美、司马义·艾买提、热地等为展览剪彩。中外参观者络绎不绝，30余家新闻媒体作了报道。此次展览受到文化部嘉奖。同年全国期刊评奖，本刊获总体设计二等奖。

冬，派记者赴藏采访。召开座谈会征询各界人士意见，正式聘请新华社西藏分社记者朗杰、中央人民广播电台驻拉萨记者旺堆、西藏日报社记者郝桂尧为特约记者，并聘请特约通讯员多人，走一条“小编辑部大社会”之路。

1991年（藏历铁羊年）

羊年是吉祥年，40年前西藏和平解放。从春季号开始刊物便热闹起来，大量刊登这一伟大历史事件的亲历者、当事人的文章和回忆，还有许多老照片。阿沛·阿旺晋美，西藏地方政府首席全权代表；雪康·索朗达杰，当年陪同中央人民政府代表张经武到拉萨的地方政府官员，朋措扎西，张经武的主要助手；江平，当年中央人民政府首席全权代表李维汉的秘书；黄明信，《十七条协议》草拟时的藏文翻译；热地，西藏和平解放后成长起来的一代藏族代表。回忆往事让他们青春焕发、倍感光荣，也使广大读者深受教益。本刊嘉仁所写《阿沛·阿旺晋美和他的儿女们》，记录了这位历史老人的家庭琐事和儿女亲情，从侧面反映了40年来西藏的深刻变化。多家报刊转载，并获征文奖。

刊物是丰富多彩的，有严肃的政治评论，也有轻松的文化话题、民俗风情、生活情趣，读者如入林间花地，有目不暇接之感。边多、张鹰通过本刊首次向外界公布“日土岩画”的发现，武振华在本刊发表了世界上海拔最高的湖泊是西藏的纳木湖，而不是玻利维亚的的的喀喀湖的新见解。多穷、彭树杰向世界报告：拉萨，中国污染最轻的城市。本刊编辑吴祎写了几篇文章，讲怎样抽鼻烟，炼酥油，抓糌粑，都是西藏最普通的事，但是她讲得娓娓动听，妙趣横生，具有民俗和生活内涵，读之真切可信，表明她对西藏生活的谙熟。

刊物开辟新栏目，系统介绍西藏高级知识分子，诸如学者东嘎·洛桑赤列、群培多吉、钦绕维色、益西强秋；画师安多强巴、益西西绕；艺术家大旺堆、洛桑多吉；藏医专家强巴赤列、崔成坚赞、嘎玛群培、米玛益西、大益西坚赞等。

5月，本刊编辑张晓明进藏采访西藏和平解放40周年庆典。其余人员留京与西藏摄影家协会同仁联合举办《雪域风情摄影展》，费孝通、司马义·艾买提、杨静仁、赵朴初、平措旺杰等为摄影展题词作赋、馈赠墨宝。

此后，本刊编辑廖东凡、丹巴拉姆进藏，深入堆龙德庆县农村调查采访近两个月，统计了90户农民33年间的生产、生活、社会地位变化，调查了十四世达赖家族的色新庄园的今昔。他们与当地农民同吃同住，促膝谈心，认真记录了基层干部和群众方方面面的意见和要求。农民们说："这样下来好，希望你们多来！"

1992年（藏历水猴年）

本刊在这一年里充满吉祥与丰收，藏历新年，举行盛大歌舞联欢会，宣布藏文版创刊。接着主办"西藏的历史与现状理论研讨会"，全国数十位藏学家、法学家宣读论文20余篇，从史实和法理两个方面批驳达赖喇嘛的"法律顾问"范·普拉赫歪曲西藏历史和现状的种种谬论。年内陆续发表恰白·次旦平措《略述新旧西藏人之人权》、柳陞祺《评范·普拉赫先生的西藏史观及其他》、吴丰培《谈民国时期西藏地方政府与中央的关系》、索朗班觉《供施关系的实质是政治上的隶属关系》、洛桑格勒《也谈西藏的地位问题》、直云《评范·普拉赫的“西藏自决论”》《西藏人权问题的实质何在？》等文章，在国内外引起广泛的反响。

开辟《高原农家》新栏目，先后刊发《我东嘎次珠赶上了好时光》《格列的三起三落》《降伏冰雹的咒师仁增朗杰》《色新村，五位农民的述说》等，展示了西藏农民的新生活、新视角，为多种文摘报刊摘登。

特约记者旺堆和郝桂尧连续发表人物特写，写拉萨江洛金一家，写哲蚌寺下面的丹玛森康女巫，写著名的六弦琴弹唱艺人益西卓玛，写当代藏医大师措如·次朗，这些特写很受读者欢迎，他俩被称为“黄金搭档”。此外，仁真洛色的《夏克刀登传奇的一生》、喜饶尼玛的《南京政府的女特使》，介绍了现代史上颇有知名度的人物，很受人们青睐。

六世热振活佛·单增晋美多次为本刊撰稿，并对杂志十分关心，春季号刊发他撰写的《热振寺的“帕邦塘廓”节》，稿子长达万言，发表时删去一半，活佛1997年不幸圆寂，本刊发表了吴雨初《人与活佛，难忘的隔世之谊——追忆故友六世热振·单增晋美活佛》，以寄托哀思。

今夏，本刊记者吴祎、周爱明进藏，报道西藏第四次人口普查和“一江两河”开发。秋，编辑《西藏文化专辑》，介绍中国藏学今昔（拉巴平措）、西藏考古发现（晓浩）、神奇的藏医藏药（多吉占堆）等。连续报道十七世噶玛巴活佛寻访、认定、坐床情况，在国内外引起热烈反响。

1993 年（藏历水鸡年）

编辑部改成杂志社，独立编辑出版，各项工作均有进展，国内外订户稳步上升。秋天，派记者张晓明、丹巴拉姆进藏采访，主要报道十世班禅大师灵塔开光盛典。出版“扎什伦布寺专号”。冬天，组织拉萨市歌舞团赴台演出，廖东凡、张晓明随行采访，历时一个月，演遍大半个台湾、开海峡两岸藏族文化交流之先河，也增进了刊物在彼岸的影响。

1994 年（藏历水狗年）

汉、英文版改为双月刊。第一期刊登邓小平会见美国前总统卡特的谈话《立足民族平等，加快西藏发展》，配发程然撰写的评论《平等的政策，发展的政策》。此前，程然还为本刊撰写多篇评论。本期推出“西藏旅游专号”，刊发了马晋康《西藏旅游答客问》等多篇文章，详细讲解进藏手续办理、交通工具、旅游路线、旅游设施、旅游注意事项等等，介绍阿里、藏北、雅鲁藏布江沿线人文等和自然景观，引导国内外读者进行赏心悦目的雪域之旅。此前，刊发已故西藏旅游局局长阿沛·仁青的《雪域的大门向全世界旅游者敞开》。

本刊编辑周爱明负责的《自然与资源》栏目从本年开始推出，连续 5 年持之以恒，许多著名学者、专家均为本栏目热心作者，它导引读者在西藏高原进行生态旅游。杨逸畴教授关于雅鲁藏布江大峡谷的多篇专题文章，周正教授连续报道云南藏区梅里雪山中日登山队员遇难、寻找和发现的经过，为本栏目增色。

巴桑罗布撰写的《从一九九三年换届选举看西藏人民之人权》，列举大量数据证明西藏人民充分享有选举权和被选举权，引起国内外广泛注意。同年第 4 期推出“布达拉宫维修专辑”，向世界介绍这项历时5年，耗资5000万人民币的伟大维修工程，引导读者沿着巨石垒成的蹬道进入这座被联合国教科文组织列为“世界文化遗产”的神宫秘阙中，里里外外观瞻一回。

1995年（藏历木猪年）

中央召开的第三次西藏工作座谈会，决定各部委和各省市、自治区援助西藏建设62项工程，本刊开设专门栏目，跟踪报道援藏工程进展情况。多吉占堆采写的《四十三项工程惠泽今日高原》、张晓明采写的《援助西藏六十二项工程已隆隆启动》，揭开报道序幕。同期还刊发丹增、陈立健、洛桑坚赞采写的《贡唐仓活佛时轮灌顶大法会》，向世界表明雪域藏族人民享有充分的宗教信仰自由。

西藏是文艺之乡、歌舞海洋，近40年来特别是改革开放以来，文化艺术日趋繁荣昌盛，传统文化得到很好的保护和弘扬。但是国外某些人总是不厌其烦地宣扬“西藏文化毁灭了”“传统文化荡然无存”。本刊与西藏文联共同编辑“西藏文学艺术专号”，向世界打开西藏文化艺术之窗，让广大读者特别是海外读者看看神奇瑰丽、百花争艳的雪域高原文坛风景线。西藏文联主席强巴平措发表《走向世界的西藏文学艺术》一文。我国当代最负盛名的文艺家冰心、曹禺、钟敬文欣然命笔题词，中国文联负责人高占祥也题词祝贺。

是年正值西藏自治区成立30周年，本刊出版专号，自治区政府主席江村罗布专门撰文回顾了30年的伟大成就，专号还发表了自治区政府副主席吉普·平措次登的专访文章。封面刊发自治区5位政府主席的照片：阿沛·阿旺晋美、天宝、多杰才旦、多吉才让、江村罗布。

十世班禅大师圆寂已经6年，扎什伦布寺通过诵经、占卜，圣湖观影等宗教仪轨，并派出多批高僧活佛在西藏各地和青海、四川、甘肃、云南藏区寻访，发现具有灵异特征并属相符合的儿童多名，中央决定通过金瓶掣签的历史定制认定班禅大师的转世灵童，在国内外引起极大兴趣和关注。本刊专门出增刊“金瓶掣签专号”，介绍这一历史定制的形成和实施过程，刊发各地藏传佛教代表人物的意见和建议。11 月，派记者赴藏，实地采访灵童认定、坐床的 20 世纪难得一睹的佛门盛事。

是年，本刊荣获全国优秀社科期刊称号，获此殊荣的全国仅 21 家。

1996 年（藏历水鼠年）

5 月，本刊与西藏社科院联合组织汉译《西藏通史——松石宝串》，经过一年反复审校、修改之后，终于与读者见面了。这部长达百万字的史学巨著，是由恰白·次旦平措、诺章·吴坚、平措次仁编写，陈庆英、格桑益西、何宗英、许德存汉译，出版后在广大藏学爱好者中引起强烈反响，书籍供不应求。本刊将出版经过再次认真校审的修订本。

世纪末将至，流亡国外的西藏分裂主义势力加紧了“西藏独立”和“变相独立”的宣传。“本刊论坛”和“藏事漫评”专栏，连续刊发文章进行揭露和批判。诸如《从国际视野看达赖喇嘛》（直云）、《达赖喇嘛与麻原勾结的实质》（沙舟）、《是利藏，还是害藏？》（王贵、旺堆）、《评达赖喇嘛在班禅转世问题上的表演》（多杰才旦）、文章一经刊出，国内外读者争相传看，影响相当广泛。年内，本刊记者分别到了欧洲、美洲和印度、尼泊尔诸国，广泛接触了各地的藏胞，更加深切地感受到他们反对分裂、心向祖国、思念故乡的强烈愿望。本刊记者嘉任发表的旅印、旅尼藏胞印象，真真切切地写出了许多海外藏胞内心的向往和苦衷。

1997 年（藏历水牛年）

牛年，意味着辛勤耕耘。新年伊始，稿件从西藏和其他藏区传来、寄来，杂志社小小的房间与高原雪域紧紧相连，弥漫着盈盈喜气。女作家马丽华和周明江的《来自那曲草原的报告》、社会学家徐平的《帕拉庄园朗生村的变迁》，特别是本刊特约记者朗杰深入人迹罕至的喜马拉雅山区，采访了数十位普通人和特殊人物，为本刊供稿 14 篇，使广大读者有机会接触到这个地球上最为偏僻的角落里当代人的生产生活和精神面貌。

夏天，记者廖东凡、文群太进藏采访 62 项援藏工程，历时 45 天，行程数千公里，走过拉萨、山南、林芝、日喀则 15 个县，实地察看了 34 项工程，在各地开了调查会和座谈会。他们此行看了西藏新面貌，掌握了第一手材料，收获颇丰。然而，在高原藏地采访并非万事顺遂。在海拔 5200 米的布丹拉雪山，大雨滂沱，几乎无法行进；在米林路段，山洪暴发，十数公里一片汪洋，冒险从索桥上过雅鲁藏布江；在东久河边，泥石流阻塞，下车与道班工人、过路游客并肩排险 8 小时之久。这时会想："不经历一些艰险，怎么会对西藏加深记忆呢？"

在拉萨，召开座谈会，听取拉萨各界人士的批评建议。自治区人大常委会主任热地作了《把真实的西藏介绍给世界》的长篇发言，对本刊很有启迪。多年来，西藏自治区干部群众对本刊非常关心爱护，给予多方支持鼓励，自治区领导热地、江村罗布、列确多次接受本刊记者的采访，丹增、拉巴平措、次仁卓嘎、龚达希都是本刊最热心的作者。

初冬在成都举办首届特约通讯员培训班，培训来自西藏、青海、甘肃、四川、云南的学员 20 多人。聘请四川藏学专家任新建（多吉）、仁真洛色、谢刚政等讲课，本刊编辑亦走上课堂，开设采访、写作、编辑、摄影等讲座。学员们回到所在地后，在组稿、写稿、发行等方面做了大量的工作。

1998 年（藏历土虎年）

9 年耕耘，今年应是收获年。3 月，杂志社被全国妇联、国家民委授予民族团结妇女先进集体称号；5 月，杂志社被中国妇联命名为三八红旗单位。这是本刊全体同仁的光荣，也标示本社女性的地位和所发挥的能量。

藏文版改为双月刊。第 1 期发表华子的《评中央政府与达赖喇嘛的谈判》，指出近年来谈判迟迟未能实现的症结所在。同期开始连载阎振中长篇报道，介绍了投资 10 亿、历时 5 年的西藏“一江两河”整治工程。10 年前的荒凉河谷风沙库，如今已成河清树绿惬意洲了。丹巴拉姆、周爱明、廖东凡采写的我国第一代藏族飞行员访问记，通过他们从地上的苦孩子到云间吉祥鸟的经历，生动地体现了新时代藏族人的命运。四川大学霍巍教授和李永宪教授、国家文物局侯石柱先生，西藏文物局索朗旺堆先生是本刊文物考古方面的资深作者，本年第 1 期发表霍巍教授写的《东嘎皮央：佛教王国昔日的辉煌》，向国内外读者揭示出一个鲜为人知的佛教艺术宝库。此前，他还介绍过藏尼古道上考古新发现的公元 7 世纪的唐碑。

美国好莱坞摄制了反华电影《在藏七年》，一些国际舆论大肆吹捧、煞有介事。3 月，全国政协副主席阿沛·阿旺晋美会见香港《南华早报》记者白克尔先生，以其亲身经历指出这部电影是违背历史、违反事实、胡编乱造、黑白颠倒的，其目的是为达赖一伙搞“藏独”张目。本刊全文刊载了这篇谈话，不少读者反映，读了这篇谈话明白了许多历史问题和政治问题。

本刊记者编辑廖东凡、张晓明、周爱明，摄影作者陈宗烈历时 3 年，精心编写的大型图册《图说西藏古今》，8 月由香港三联书店出版发行。该书通过 76 个专题、350 多幅珍贵图片，深入浅出地介绍了西藏两千多年来的政治、经济、社会、宗教、文化、艺术等方面的发展和变迁，可以说是对西藏的一次全方位的整体性展示。出版后仅 3 个星期，即售出三分之二，为三联书店销售最快的少数几种书之一。

8 月，本刊出版“中甸专号”。

9 月，组织西藏藏医专家赴台参加海峡两岸藏医汉医研讨会。

时光流逝、岁月悠悠，今年是本刊创刊 10 周年。全社同仁正在编辑第 1 期“西藏民主改革四十周年专号”，同时努力编写《西藏，六十二项大庆工程》图文集、《图片：西藏百年》，以纪念这个具有历史意义的日子和本刊创刊 10 周年。

原载《中国西藏》1999 年第 1 期

《中国西藏》杂志十五周年大事记

今年是《中国西藏》杂志创刊 15 周年，本着一个宗旨：把一个真实的西藏告诉世界，我们十数年如一日勤奋地工作着，先后出版了《中国西藏》汉、藏、英文版刊物共计 212 种，数千万文字和数千张图片，见证了西藏近十多年的巨大变化，介绍了西藏的政治、经济、历史、文化、民俗、旅游，真正成为读者认识西藏的窗口和沟通西藏的桥梁。

在这里，我们记下的是刊物 15 年走过的一个个足迹。

1989 年

2 月 15 日，《中国西藏》汉文版春季号（试刊）问世，刊出华子撰写的《评中央政府与达赖喇嘛的谈判》，在国内外引起广泛关注和重视。《卷首语》表明了本刊的宗旨："这是中国出版的一种向海外发行的专门报道今日西藏详情的综合性刊物。"刊物付印之际，传来十世班禅额尔德尼·确吉坚赞逝世的噩耗，班禅大师圆寂和转世，成为当年本刊的重要主题之一。

1990 年

2 月，《中国西藏》中文版和英文版（季刊）正式出版。

4 月 15 日，《中国西藏》编辑部在北京民族文化宫礼堂举行创刊座谈会，国家民委主任司马义·艾买提出席，全国人大常委会副委员长阿沛·阿旺晋美发表讲话热烈祝贺。之后国内外新闻媒体广为报道，海外读者也争相来信支持。巴黎《欧洲时报》报道："中、英两种文版的中国西藏杂志季刊，最近在北京正式创刊，从而结束了 40 年来西藏没有一份面向世界并在国际上发行的刊物的历史。"美国加州一位读者来信中说："《中国西藏》在美国这种被神话与谎言禁锢的环境中送来一阵受人欢迎的新鲜空气。"

7 月，《中国西藏》杂志获新闻出版署期刊整体设计二等奖。

9 月，《中国西藏》与西藏群艺馆合作，在民族宫展览馆举办"西藏民间艺术藏品展"，首次向海内外推出西藏美术家叶星生民间艺术藏品 300 件，全国人大常委会副委员长阿沛·阿旺晋美、国家民委主任司马义·艾买提、西藏自治区党委副书记热地等为展览剪彩，中外参观者络绎不绝，30 余家新闻媒体作了报道。此次展览受到文化部嘉奖。

1991 年

适逢西藏和平解放 40 周年。西藏 40 年的深刻变化是《中国西藏》三种文版刊物全年的重要主题。

3月，《中国西藏》杂志藏文版试刊，当年3月与9月分别出版两期。

5月，为纪念西藏和平解放40周年，杂志社与西藏摄影家协会同仁联合举办《雪域风情摄影展》，费孝通、司马义·艾买提、杨静仁、赵朴初、平措旺杰等为摄影展题词作赋，馈赠墨宝。

7月，本刊编辑廖东凡、丹巴拉姆进藏，深入堆龙德庆县农村调查采访近两个月，统计了90户农民33年间的生产、生活、社会地位变化，调查了十四世达赖家族的色新庄园的今昔，公布了达赖家族的人权记录。

1992年

2月2日藏历新年，编辑部举行盛大歌舞联欢会，并宣布藏文版正式出版。

3月14日，编辑部主办“西藏的历史与现状理论研讨会”，全国数十位藏学家、法学家宣读论文20余篇，从史实和法理两个方面批驳达赖喇嘛的“法律顾问”范·普拉赫歪曲西藏历史和现状的种种谬论。年内陆续发表恰白·次旦平措《略述新旧西藏藏人之人权》、柳陞祺《评范·普拉赫先生的西藏史观及其他》、杨公素《1911—1951西藏是所谓独立国家吗？》、吴丰培《谈民国时期西藏地方政府与中央的关系》、索朗班觉《供施关系的实质是政治上的隶属关系》、洛桑格勒《也谈西藏的地位问题》、直云《评范·普拉赫的“西藏自决论”》《西藏人权问题的实质何在？》等文章，在国内外引起广泛反响。

8月，本刊记者进藏，报道西藏第四次人口普查和“一江两河”

开发。

1993 年

《中国西藏》杂志社正式成立，独立编辑出版发行三种文版《中国西藏》。各项工作均有进展，国内外订户稳步上升。

8 月，十世班禅大师灵塔祀殿开光盛典。本刊记者赴日喀则专访，并策划编辑出版了“扎什伦布寺专号”。

12 月，杂志社组织拉萨市歌舞团赴台演出，历时一个月，演遍大半个台湾，开海峡两岸藏族文化交流之先河，也增强了刊物在彼岸的影响。

1994 年

2 月,《中国西藏》汉、英文版改为双月刊。

4 月，由本刊编辑周爱明负责的《自然与资源》栏目从第 2 期开始推出，连续 5 年持之以恒，许多著名学者、专家均为本栏目热心作者，它导引读者在西藏高原进行生态旅游。杨逸畴教授关于雅鲁藏布大峡谷的多篇专题文章，周正教授连续报道云南藏区梅里雪山中日登山队员遇难、寻找和发现的经过，为杂志增色。

7 月，中央召开第三次西藏工作座谈会，本刊记者驻会采访，第一时间报道了中央关于西藏工作的新精神。

8 月，历时 10 年的布达拉宫维修工程全面竣工，杂志第 4 期推出《布达拉宫维修专辑》，向世界介绍这项耗资 5000 万元人民币的伟大维修工程，带领读者沿着巨石垒成的蹬道进入这座被联合国教科文组织列为“世界文化遗产”的神宫秘阙中，里里外外观瞻一回。

1995 年

正值西藏自治区成立 30 周年，本刊出版专号，自治区主席江村罗布专门撰文回顾 30 年成就，自治区政府副主席吉普·平措次登接受本刊专访。第 4 期封面刊发自治区历任五位政府主席的照片：阿沛·阿旺晋美、天宝、多杰才旦、多吉才让、江村罗布。

10 月，十世班禅大师圆寂 6 年，扎什伦布寺通过诵经、占卜、圣湖观影等宗教仪轨，并派出多批高僧活佛在西藏各地和青海、四川、甘肃藏区寻访，发现具有灵异特征并属相符合的儿童多名，中央决定通过金瓶掣签的历史定制认定班禅大师的转世灵童，在国内外引起极大兴趣和关注。本刊专门出版“金瓶掣签专号”，介绍这一历史定制的形成和实施过程，刊发各地藏传佛教代表人物的意见和建议。

11 月，派记者赴藏，实地采访灵童认定、坐床的 20 世纪难得一睹的佛门盛事。

12 月，本刊荣获全国优秀社科期刊称号，获此殊荣的全国仅 21 家。

1996 年

3 月，本刊记者分别到欧洲、美洲和印度、尼泊尔诸国，广泛接触各地藏胞，更加深切地感受到他们反对分裂、心向祖国、思念故乡的强烈愿望。本刊记者发表的旅印、旅尼藏胞印象，真真切切地写出了许多海外藏胞内心的向往和苦衷。

5 月，本刊与西藏社科院联合组织汉译《西藏通史——松石宝串》，经过 3 年翻译、审校，终于与读者见面。这部长达百万字的史学巨著，由恰白·次旦平措、诺章·吴坚、平措次仁编写，陈庆英、格桑益西、何宗英、许德存汉译，出版后在广大藏学爱好者中反响强烈。

当年，流亡国外的西藏分裂主义势力加紧了“西藏独立”和“变相独立”的宣传。“本刊论坛”和“藏事漫谈”专栏，连续刊发文章进行揭露和批判。诸如《从国际视野看达赖喇嘛》（直云）、《达赖喇嘛与麻原勾结的实质》（沙舟）、《是利藏，还是害藏？》（王贵、旺堆）、《评达赖喇嘛在班禅转世问题上的表演》（多杰才旦），文章一经刊出，国内外读者争相传看，影响相当广泛。

1997年

7月，记者廖东凡、文群太进藏采访62项援藏工程，历时45天，行程数千公里，走过拉萨、山南、林芝、日喀则地区15个县，实地察看34项工程，在各地召开调查会和座谈会。在海拔5200米的布丹拉雪山，大雨滂沱，几乎无法行进；在米林路段，山洪暴发，十数公里一片汪洋，冒险从索桥上过雅鲁藏布江；在东久河边，泥石流阻塞，下车与道班工人、过路游客并肩排险8小时之久。

8月，在拉萨召开座谈会，听取拉萨各界人士的批评建议。自治区人大常委会主任热地作了《把真实的西藏介绍给世界》的长篇发言。

10月，在成都举办首届对外宣传西藏研讨会暨通讯员培训班，培训来自西藏、青海、甘肃、四川的学员20多人。聘请四川藏学专家任新建（多吉）、仁真洛色、谢刚政等讲课，本刊编辑亦走上课堂，开设采访、写作、编辑、摄影等讲座。

11月，出版“林芝专号”。

1998 年

2 月,《中国西藏》藏文版改为双月刊。

3 月，杂志社被全国妇联、国家民委授予“民族团结妇女先进集体”称号。

5 月，全国妇联命名本社为三八红旗单位。这是本刊全体同仁的光荣，也表明本刊妇女的地位和所发挥的能量。

8 月，由本刊编辑廖东凡、张晓明、周爱明，摄影作者陈宗烈历时 3 年，精心编写的大型图册《图说西藏古今》，由香港三联书店出版发行。该书通过 76 个专题、350 多幅珍贵图片，深入浅出地介绍了西藏两千多年来的政治、经济、社会、宗教、文化、艺术等方面的发展和变迁，是对西藏的一次全方位的整体性展示。

8 月，本刊出版“中甸专号”。

9 月，组织西藏藏医专家赴台参加海峡两岸藏医汉医研讨会。

1999 年

1 月，在人民大会堂举行《援助西藏六十二项工程》大型画册首发仪式，江泽民总书记、李鹏委员长、李瑞环主席为画册题辞。

2 月，杂志社召开创刊十周年纪念座谈会。

7 月，入选第一届全国百种重点社科期刊。

2000 年

1 月，大型图册《百年西藏》出版发行。这本图册在新世纪之初，用 60 个专题、近 500 张图片、52 个图表和百年大事记记录了 20 世纪西藏人民走过的漫漫长路和社会沧桑巨变。

2 月,《中国西藏》汉、藏、英三种文版全部改为彩页印刷，以崭新面目迎接新世纪。

8 月，出版“甘孜藏族自治州建州五十周年专号”。

10 月，出版“纪念昌都解放五十周年专号”。

2001 年

1 月，本刊连载印度《前线》杂志总编辑拉穆专访西藏的文章《西藏——真实与谎言的实地检验》，在国内外引起很大反响。

6 月，中央召开第四次西藏工作座谈会，本刊记者到会采访，发表《新世纪西藏跨越式发展的行动纲领》，与文化部、中央外宣办共同举办“全国援助西藏成果展”。

7 月，记者随以胡锦涛为团长的中央代表团赴藏参加西藏和平解放五十周年纪念活动，并第一时间进行报道。

8 月，本社与中国民族博物馆共同举办“纪念西藏和平解放五十周年书画展”，国内各著名书法家为展览题词作画。

9 月，入选新闻出版署组织的期刊方阵，被评为双效期刊。

11 月，《中国西藏》第 6 期首次作为中国西南航空公司民航班机上的随机读物，在西南航空公司 14 条国际航线和所有进出西藏航线以及数十条国内航线上发行。

2002 年

1 月，本刊第 1 期《复评达赖喇嘛与中央政府的谈判问题》，这是本刊就此问题第四次发表评论。

7 月 2 日至 20 日，在拉萨举办第三届对外宣传工作研讨会暨“藏西经济、人文、环保综合考察采访”活动，西藏自治区党委副书记李立国、自治区政府副主席次仁卓嘎等出席研讨会并发表讲话。

这次会议成功的宣传报道，在西藏产生了很大影响。

研讨会结束后，部分与会者前往日喀则和阿里地区考察，参加杂志社和西藏自治区阿里地委共同举办的“2002 藏西人文、生态、环保工作考察采访”活动。考察组经日喀则地区的江孜县、日喀则市、拉孜县、昂仁县、萨嘎县至阿里地区的普兰县、札达县、噶尔县、狮泉河镇、改则县、措勤县，行程近 4000 公里，考察了沿途的风俗民情，就所到地方的经济发展、生态、环保等方面与地方各部门进行座谈，采访有关专家和学者，组织了一批关于西藏环保的文章，拍摄了上千张图片。《中国西藏》网站连续刊载的“藏西考察手记”，一日一篇，十多万字，吸引了许多读者。

2002 年是藏族史诗格萨尔千周年纪念。9 月，本刊与西藏社会科学院共同协商策划，联合编辑、出版“格萨尔千周年专号”，集中展示了我国对藏族传统文化的弘扬和保护，产生了积极的影响。

2003 年

5 月 23 日是人类登顶珠峰 50 周年，本刊特约周正先生撰写《因为它在那里》，回顾人类登顶珠峰 50 年，获得极大反响。

7 月，十一世班禅青海甘肃行，这是十一世班禅第一次来到十世班禅大师的故乡，拜见十世班禅大师的母亲，本刊记者吴祎随行采访并第一时间报道。

8 月，“中国西藏视点”丛书开始启动。

12 月，历时 3 年，重新修订的汉译本《西藏通史——松石宝串》正式出版。

原载《中国西藏》2004 年第 1 期

《中国西藏》创刊二十周年纪念座谈会隆重举行

艾米

2009 年 12 月 18 日,《中国西藏》杂志创刊 20 周年纪念座谈会在北京西藏大厦隆重举行。全国政协副主席、中央统战部部长杜青林出席并发表讲话。

杜青林部长指出,党中央始终高度重视西藏工作,在新中国成立后各个历史时期,制定并采取了一系列特殊优惠政策和务实措施,极大地调动了西藏各族群众的积极性、主动性和创造性,西藏面貌发生了翻天覆地的变化。西藏的发展已站在新的历史起点上,进入一个新的发展阶段。《中国西藏》杂志作为中央涉藏宣传的重要刊物,创刊 20 年来,由单一文种发展到汉、藏、英三种语言文字,由纸介文版发展到网络电子版,发行范围扩大到全世界 100 多个国家和地区,走过了很不平凡的发展历程。20 年来,《中国西藏》杂志充分发挥自身特点和优势，广泛传播党和国家的声音，生动反映西藏日新月异的发展变化，与国外分裂势力进行针锋相对的斗争，对其分裂言行进行深刻剖析和有力批判，为维护西藏发展稳定作出了重要贡献。

杜青林部长指出，当前国际国内形势发生着深刻的变化，对新时期涉藏宣传提出了新的、更高的要求。做好《中国西藏》杂志工作，搞好涉藏宣传，要始终不渝地坚持正确的政治方向，掌握工作主动权，注重宣传实效。提高科学化水平，不断推动涉藏宣传实现新的发展。《中国西藏》杂志要坚持正确的舆论导向，把握舆论宣传规律，扩大影响力，增强亲和力和感染力，努力成为宣传西藏的重要力量，同时，要着眼长远，立足当前，合理配置资源，树立精品意识，进一步拓展影响力，提高知名度。努力使杂志成为广大读者了解西藏、认识西藏的重要窗口以及涉藏领域对外宣传的重要品牌，并为推动落实中央关于支持西藏和四省藏区发展的各项政策，为推进西藏跨越式发展和长治久安作出新的贡献。

中央统战部常务副部长朱维群主持座谈会。中央统战部副部长斯塔、国务院新闻办公室副主任董云虎、国家民委副主任丹珠昂奔、中国藏学研究中心党组书记游洛屏、总干事拉巴平措，西藏自治区政府副主席甲热·洛桑丹增，西藏自治区原党委书记阴法唐等出席，董云虎和拉巴平措等分别讲话。

董云虎在讲话中指出，《中国西藏》杂志是我国为数不多的外宣期刊之一，是我国以对外宣传西藏为主要任务的多文种的最有影响力的专业刊物，也是一本在国内外广受读者喜爱和欢迎，受到各驻外使领馆普遍称赞和肯定的优秀刊物，可以说是涉藏外宣的一个重要品牌。20 年来，在中央统战部的强有力领导下，《中国西藏》杂志坚持正确的办刊方针和舆论导向，及时准确地传达中央的西藏政策和中央在涉藏问题上的立场、观点，生动形象地反映西藏和四省藏区的发展变化，针锋相对地驳斥达赖集团和西方反华势力的造谣歪曲，为对外介绍一个真实的、发展变化的西藏作出了重大贡献，立下了汗马功劳。20 年来，《中国西藏》已成为我们对达赖集团舆论斗争的重要阵地，杂志是在国际风云变幻、涉藏斗争异常尖锐激烈的背景下诞生的，也是伴随着国际涉藏斗争的风风雨雨而成长壮大起来的。杂志发表了大量有说服力的文章。这些文章用大量确凿的事实和透彻的说理，驳斥达赖集团在“西藏问题”上散布的“种族灭绝”“文化灭绝”“宗教灭绝”“破坏环境”等各种谎言。对于引导世人认清达赖集团的本来面目发挥了很好的作用。

拉巴平措在讲话中指出，20 年来，《中国西藏》杂志积极宣传党和政府关于西藏工作的方针政策，如实反映民族区域自治制度在西藏的实施情况，广泛报道西藏的民族、宗教、文化艺术、自然景观、旅游景点及独特风情，深刻阐述西藏与祖国的关系史，有力驳斥分裂主义分子和外国反华势力有关西藏问题的各种反动谬论，成为对外宣传西藏的重要窗口，在海内外起到了积极的作用。《中国西藏》的“藏学研究”专栏举重若轻，以轻松的语言向广大海内外读者普及藏学知识；“论点摘编”从国内众多刊物刊发的有关藏学研究的文章中选择数篇重点文章向读者推荐，“新书博览”及时向读者提供藏学界最新的出版成果信息，使读者可以迅速而便捷地了解藏学研究的最新动态。中国西藏杂志社还与诸多藏学专家、多家出版社联合编辑、出版了《中国西藏》视点丛书、《图说西藏古今》《百年西藏》《六十二项工程》《天路——青藏铁路建设纪实》等汉文图书，以及《重彩西藏——西藏十人作品集》《二十世纪的人和事》等汉英文图书，尤其值得一提的是，中国西藏杂志社独具慧眼，与西藏社科院合作翻译出版、修订再版了《西藏通史——松石宝串》，2005年，汉译本获得第一届“中国藏学研究珠峰奖”一等奖，这些都是中国西藏杂志社全体同志始终坚持与时俱进、不断创新的结果。

此外，中央统战部、国务院新闻办、国家民委、新闻出版总署等中央和国家机关有关部门负责人，西藏自治区政府、中国藏学研究中心，以及首都藏学界、新闻出版界、全国各藏区有关部门和高等院校代表近200人参加了座谈会。座谈会上，中国西藏杂志社社长兼总编张晓明、国家新闻出版总署新闻报刊司副司长丁以绣、杂志社前任社长廖东凡、中央统战部信息中心主任王丕君、西南民族大学党委书记罗布江村、中国科学院院士郑度、中央民族大学副校长喜饶尼玛、中国社会科学院学部委员郝时远及作者代表周正（原国家体委国家登山队总教练、研究员）、陈丹（中国藏学研究中心博物馆）和本刊合作代表王博轩（北京列车段宣传部）先后发言，对今后办刊提出了有益的意见和建议。

在创刊纪念座谈会召开之际，杂志社还收到来自西藏自治区及各地市、四川省、青海省和北京市等有关单位以及国内外数十家机构和媒体发来的贺电和贺信，西南民族大学校长赵心愚、中央民族大学教授李秉铨等专家学者也发来了贺信。

原载《中国西藏》2010年第1期

后 记

为纪念《中国西藏》杂志创刊三十周年，中国西藏杂志社有意从三十年来的刊物中精选部分文章，编辑出版系列丛书。本人有幸担任《藏地新生活》和《极地风物》两书的执行主编，这对于我本人来讲，既是一次学习的机会，又是一次回味的机会。事实也是如此，这些年因为工作，也确实接触了不少西藏的人和事，包括描绘西藏的各类文章。但对于《中国西藏》这本刊物来说，本人始终有着特殊感情，以至于当中的每一篇文章都能给我带来身临其境的感觉，许多的人物形象和场景很自然的浮现在脑海里。

《藏地新生活》和《极地风物》两书，主要讲述西藏近些年来发生的日新月异的变化，从一个个普通农牧民的生活上得到体现。既回顾了历史，又反映了现实，还展示了未来。点点滴滴，反映出西藏民主改革以来，在中国共产党的领导下，在西藏人民的辛勤劳动下，在全国各省市的无私帮助下，西藏取得了举世瞩目的可喜变化。

在此次选稿编辑过程中，得到了中国西藏杂志社领导和前辈的指点帮助，也得到了家人和同事们的大力支持，在此表示真诚的感谢。所选文章的作者，有的已经与世长辞，有的文章中的主人公也已驾鹤仙游，在此也对各位作者前辈表示衷心的感谢，没有各位的优秀文章，也就不可能有今天的成果。同时，也要感谢中国藏学出版社的洪涛社长、王维强总编、永红编审及各位编辑老师，正是他们的鼎力支持，使得丛书顺利出版。

西藏，这片神圣的热土，在中国共产党的领导下，发生了翻天覆地的变化，相信在不远的将来，一定会变得更加美丽繁荣。祝福西藏！

林圣松

2019 年 8 月 8 日

图书在版编目 (CIP) 数据

藏地新生活 / 中国西藏杂志社编 . —北京 ：中国藏学出版社，2019. 11

(《中国西藏》杂志 30 年精选集)

ISBN 978-7-5211-0183-6

Ⅰ . ①藏… Ⅱ . ①中… Ⅲ . ①社会主义建设成就 – 西藏 Ⅳ . ① D619.75

中国版本图书馆 CIP 数据核字 (2019) 第 236331 号

藏地新生活

ZANGDI XINSHENGHUO

中国西藏杂志社　编

责任编辑	永红
装帧设计	海龙视觉
出版发行	中国藏学出版社
印　　刷	中国电影出版社印刷厂
版　　次	2019 年 11 月第 1 版第 1 次印刷
开　　本	787 毫米 ×1092 毫米　1/16
印　　张	17.75
字　　数	213 千字
书　　号	ISBN 978-7-5211-0183-6 / D・80
定　　价	69.00 元

版权所有　侵权必究

图书如有印装质量问题　请与本社发行部联系

E-mail: dfhw64892902@126.com　电话: 010-64892902